夢之浮橋

李碧華

目錄

●夢人「逢魔時間」／112

幸好是一個噩夢／148

烤焦麵包也有夢／184

●「夢之浮橋」失蹤了

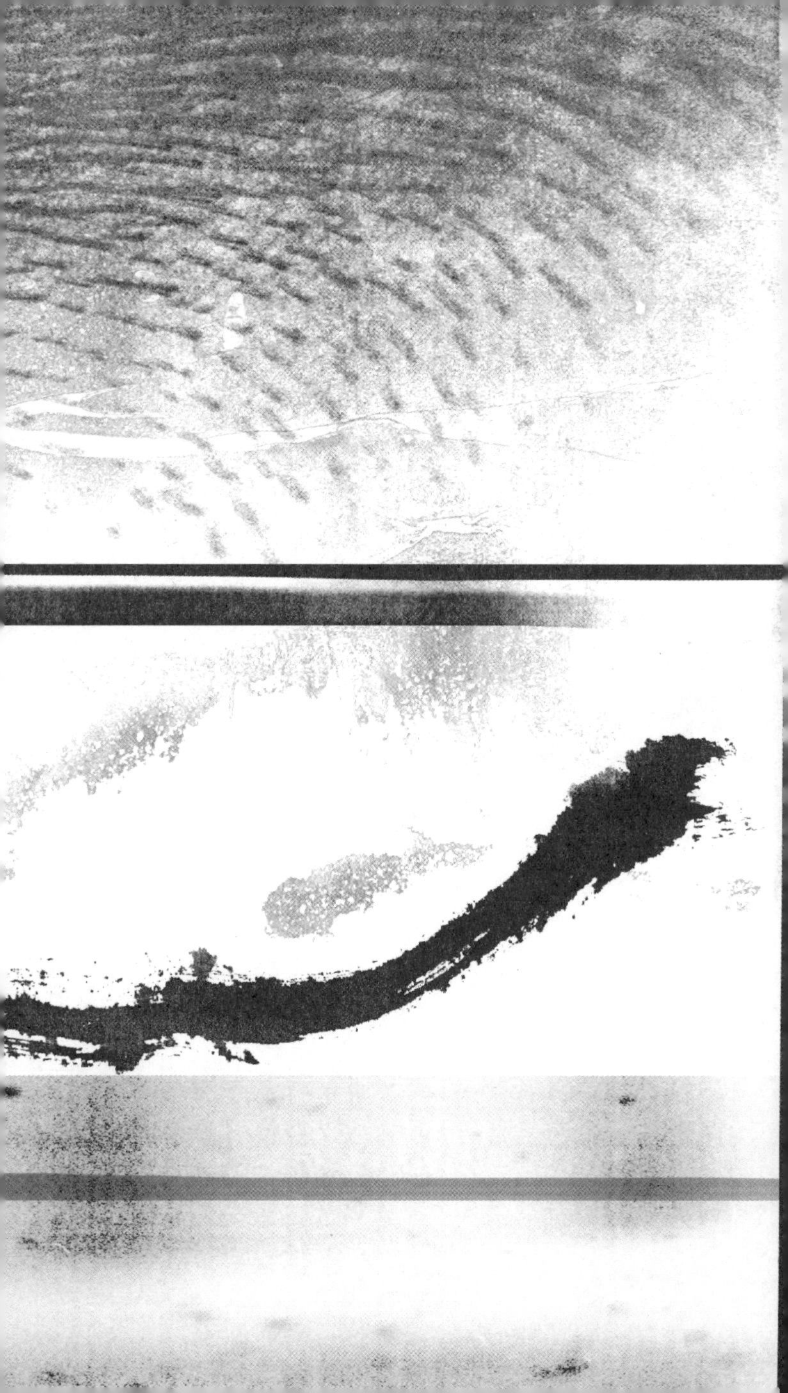

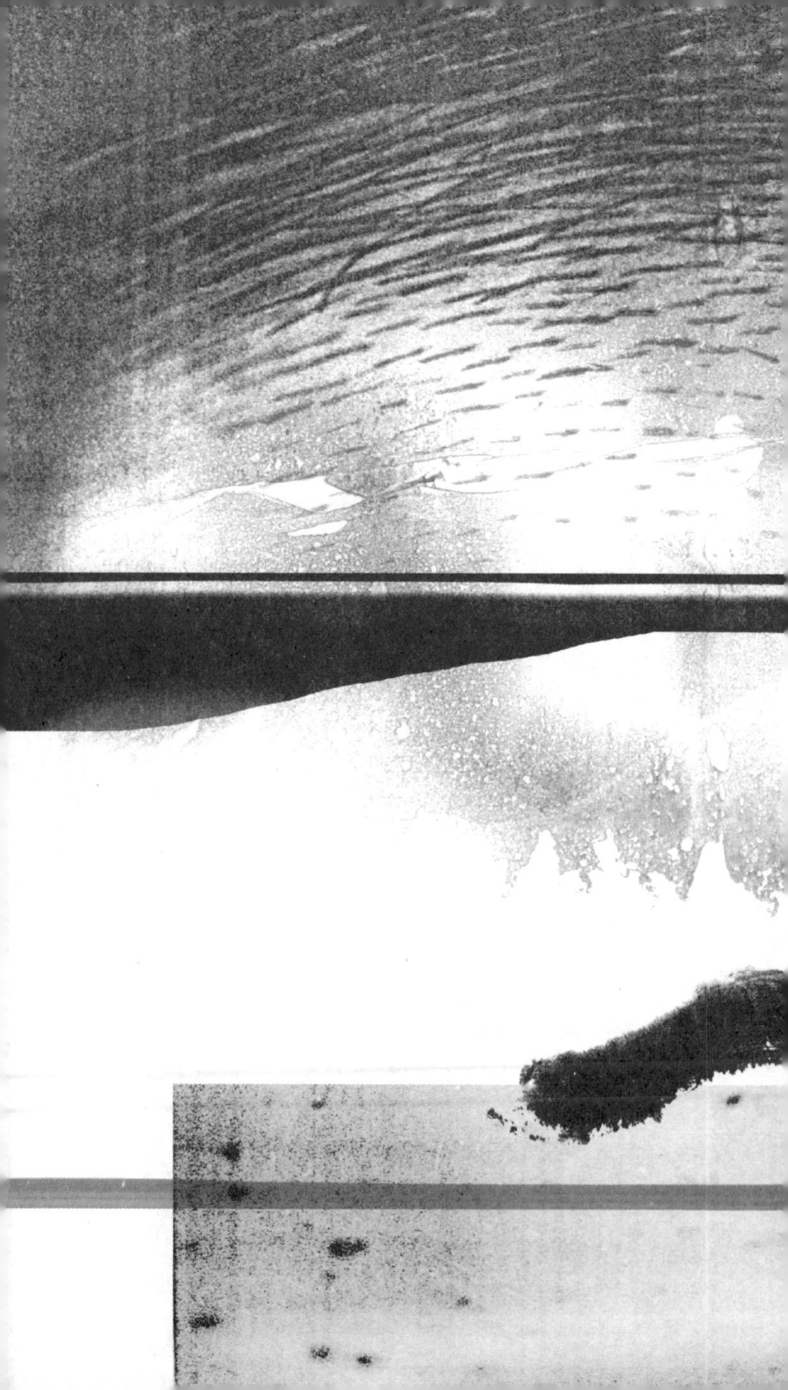

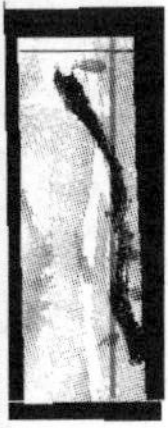

「夢之浮橋」失蹤了

世間所有米酒，最最最重要的，是米，和水。

把純米精研，選取最好的部份，配上清甜川流，釀製過程不外蒸米、散熱、發酵、上槽、定時、試飲、入瓶。

米不純，水不正，清酒又怎會「清」？共產黨嚴抓的「出身」、「成份」論，對人不公平，但釀酒必須查血統。

我喜歡逛酒場，參觀酒庫。還抄酒名。

酒的名字，有時因產地、河川、天氣、酒場主人……而改，有時是意境。以下是我得到的：——

醉心、山吹色、田苑、天河、羅生門、珠玉、甘雨、飛驒之鬼、天狗舞、梅錦、綾菊、紅乙女、玄海、司牡丹、秀麗、綠泉、黃櫻、李白、春香彩、瑞秀、

加賀鳶、水青、水芭蕉、風水人、深海、白雪、紀州魁、桃之滴、風樂、和樂互尊、慶瑞、劍菱、一本槍、白鷹、倭小槌、夢小町、雪之精、米芯、上善如水、天草四郎、七笑、初花、月桂冠、五百萬石、小鼓、玉乃光、鳳鱗、胡蝶蘭、龍力、浪花正宗、秋鹿、稻天、天山遊花、鳳凰、招德、山田錦、不思議……。

至於這些連成一氣：「朱泉、美少年、都美人薄絹、花風月、爛漫、熱戀之唄、夢十夜、酒魂、幻、失樂園、隱藏、無。」——是否更像小說情節？

日本酒分了等級：大吟釀、吟釀、本釀造、清酒……會喝的人當然分得出。但若時間地點心情，還有：人，都很快樂，清酒也就等於大吟釀了。

其實我最喜歡從前偶喝了一杯「夢之浮橋」，但一直再找不到，連在酒庫也失蹤。是太冷門？抑或已熱賣掉？

抑或我記錯了？

不愛，有甚麼用？

有一個男人，他有情有義，宅心仁厚，才華蓋世，文武雙全，眉清目秀，敬老護幼，忠誠可靠，事業有成，富甲一方……，他那麼好——但他不愛你，有甚麼用呢？

又有一個男人，爲了挽回深愛女人的心，即使堂堂硬漢，也下跪哭求，一心一意等女人回來一起數星星。太愛她了，對她身邊所有男人深惡痛絕，恨不得打之殺之……，他那麼好——但你不愛他，有甚麼用呢？

任何男人，若不是自己的男人，再怎麼樣，似乎無關痛癢。他不過是「外人」，——「外人」怎同「外子」？

最重要的，是相愛。

他不愛你，優點如水月鏡花，一觸即散一場空。
他再好，別人是用家。
他沒有看過來，看過來也看不到自己，這個人便是一個「零」。
你不愛他，任憑花盡心思拚盡全力，都無法感動你，決不回頭，一切就變成枉費。
你沒有看過去，多看一眼都不願，他的激情竟是負數，或你的負擔。
男女之間最複雜，一個巴掌拍不響；也最簡單，變心則便無救了。
人們明白不可強求，明白沒有愛就無路可走。
只是軟弱得一時之間，
便瞎了。

還沒醒過來

最近一回在中國大陸一個電視台，聽到劇集主題曲：

「千百個夢只是一個夢，我的夢裏只有你，我的夢裏只有你，我的夢裏只有你，只有你。爲你生生死死，爲你悲悲喜喜，千百個夢都離不開你……」

然後打出四個大字：

《癡心如火》

多麼悲壯激情。我想，柔情似水，癡心更應如火。——誰知看下去，都是「坦白從寬」、「抗拒從嚴」、「首惡必辦」、「脅從不問」、「立功受賞」。

我誤會了！這是個上海剛解放的故事片，在夾縫中的人，作革命的夢。「全國只愛一個男人」的樣板戲。夢中都是主席？

真辜負了一個「夢」字。夢的歌，應該是：「情愛，就好像一串夢，夢醒了一切亦空。或者，是我天生多情，方給愛情戲弄……」這樣。靡靡之音。

夢，無休無止，無始無終，極度虛幻，又栩栩如生。每一步都怕落空，小心地，捨不得不走。我們在夢中，心底經常明白，這是一個夢，快要醒過來……。

美國一位小說家說：「虛幻是寂寞的最佳療法。」

——怎可能？虛幻令寂寞「病入膏肓」呢。

如果情愛只是一個夢，中間怎會有傷痛寂寞？——兩人同造一個夢，然後，其中一個醒了，離開了，甚至起牀了，梳洗了，上班了，同別些人相遇了，重新去造夢了，不回來了。而另一個猶在昏昏沉沉的夢中。別人勸：「你醒醒吧！」「不，我不要醒，我愛這個夢！」

在空局泥足深陷。

潑出去的水

王菲與謝霆鋒忘年戀「明朗化」，最初是男主角有意無意先默認了，之後女主角當衆拖手。一個人愛另一個人，關其他人甚麼事？有沒有結果，當局者不在乎不介意，也不必交代吧？

年輕的一方，常是奮勇向前的一方。——沒有甚麼是輸不起的。他的「經歷」便是日後的寶藏，無事發生，青春一樣揮霍，當然是多彩多姿更好。

今天是明天的回憶。

接受訪問時，被問到如何形容目前的感情生活？他道：

「覆水難收。」

據說就像當時他拎住一捲廁紙，把廁紙筒拉了出來，再也塞不回去了，不能

控制一樣。番書仔亂用成語，真是有趣。大概不明白，這「覆水難收」其實不是甚麼好事。比喻：

(一)已破碎的東西不能重圓。

(二)馬前潑了一盆水，勢難重收，去婦不能復返，休妻理直氣壯。

——但是，想深一層，也是錯有錯着，而且另有寓意。

傾心、傾情、傾倒……，是這一下動作。

我愛他，他愛我，總是迅即喪失理智，在一種迷醉的狀態，認爲在對的時間遇上對的人做對的事。

投入感情，付出了代價，先愛了再說，必然把心一橫像把水潑出去。潑出去的水，不問下落，也收不回來。就是這樣了。

在絲襪和胭脂以外

看《上海的金枝玉葉》，著名的永安百貨公司郭家四小姐郭婉瑩(戴西)，二十五歲的新娘子十分漂亮，漂亮得像謫仙。——所以天妒。當年的葛文斯基照相館，上海最好的白俄照相館爲她留影，鑽石、珍珠、玫瑰、婚紗。無懈可擊，臉上沒有一點陰影。

過了幸福美滿的兩年，她的笑容不知甚麼時候給丟失。

錦衣玉食，榮華富貴，一切隨風而逝，她被男人辜負、遇上災劫、喪偶、批鬥、勞改、受辱。尖尖十指，去挖魚塘、鋪水泥、洗馬桶……因而變形。

典麗的芳容經歷磨難，露出微微腫脹，「好像被人在臉上踩了一腳」的淺笑。一貧如洗，滿頭花髮，後來她是上海一個樸素的私人英文老師……。一生驚

濤駭浪。

一九九八年，九十歲，依然漂亮、優雅、驕傲、尊嚴地，辭別人間。

女人有自己的命運。——但女人的命運，有時因爲她遇上甚麼樣的男人。

戴西自中西女塾畢業，與一個留學美國富家子訂了婚，她不喜歡他，他在送她美國玻璃絲襪時說：

「這襪子真結實，穿一年都不壞。」

她在手槍下拒婚。挑選了「有情趣」的清華大學生，他洋派、好玩、多情、不專。之前，他也拒過婚，因家裏相親的女子，只顧上街買花布和胭脂。

兩個人都有要求。

大時代中，他們的不幸開始了……。

他偷走的東西

九十歲的女人，身體很弱了。夏天接近尾聲，她的生命也快到盡頭。她着特來照顧，住在後面小房間的老茶房，拿出兩樣東西來，給訪問者一看。

其中之一是張放大裝進鏡框的照片。當年二十四歲，在國際飯店邊上的一家照相館照的，很漂亮清純，店家放大了掛在櫥窗。她發現了，搬下來：

「誰允許你們把我的照片放在外面讓大家看的？」

照片給帶了回家。然而不久，她再也找不着了。

到她七十歲時，某日，她得回它。

那是文化大革命之後，她丈夫家親戚從外國回來探親，夫家老房子鎖禁三十年没人來過。而三十年没用過的鑰匙，開了他住過房間的門，發現了這張照片。

她才明白過來。

——當年老大的照片「失蹤」，是因爲有個愛慕她又上過門的男人偷掉，藏在自己的房間中。現在奇跡地，是唯一留存下來的照片。

他死了。

她老了。

是的，當年她曾愛上他，又嫁給他……。

——這是《上海的金枝玉葉》中一個小節。也是很多人生活中一個小節。

有人把你某些東西，不問自取，偷偷藏起來。在很久很久以後，你驀然回首，方才發覺，有點震撼。

但歲月如小河淌水，緩流沒有回頭。

「七味小路」的婚禮

日本京都的街巷，都喚×小路：「鹽小路」、「油小路」、「錦小路」、「花見小路」……。這是它的特色。

在南九州某城，天文館後面某街巷，原是沒有名字的。那兒的店主和居民，便一齊爲自己的路改名。不過募集了二千多個，也不及原來因太「京都化」而否定的「七味小路」。

委員會爲了紀念價值，便提議舉行街頭婚禮。誰要來都歡迎。

小路有各種店舖：食店、咖啡館、日用品店、婚紗店……。均響應。選中的第一對新人，當年在無名的小路開始第一次約會。這是極具意義的婚禮。街坊協助一名少女委員籌備。新人又緊張又興奮。

——誰知結婚日，忽然下雨。

新鋪的石板路面濕滑骯髒，各人自發地用地拖抹布清潔，還佈了個傘陣，保護新人。鋼琴運到了，禮台搭好了。

太陽卻沒出來。

但大雨中，大家仍開開心心地夾道歡呼，送上祝福，灑着七色紙碎，禮服沾了濕彩。新郎和新娘面對風雨，扳住婚紗，在咪高峰前向所有人答謝。

不一定風和日麗，但街頭婚禮是多麼動人。十年、二十年，他們必然也帶同子女重來。一生說了又說。……

人生小路，總是七味紛陳。

你也曾「吞掉」一些甚麼吧？

女藝人代母還賭債十年的新聞引起哄動。「愚孝」不值得表揚，但弱質女流的「承受力」那麼强，又令人另眼相看。

即使背負痛苦委屈，但天天開工，同僚也看不出來，還有，個人私隱和心事，她不說，也就沒有人知道。

有朋友閱後，他說：

「這是女人的生命力。」

——這樣的「生命力」，我們誰都不想有呀。最好有人分擔，或索性代勞。有得軟弱溫柔，誰願操勞奔波負重擔？誰願面對那麼不生性的至親？迫於無奈而已。

「隱藏」真的好辛苦。

事實上，每個人都有這樣的一點能耐。

你我或多或少有不可告人，不願告人的秘密。有時爲免人家擔心，有時是說了也無濟於事，解決不來，徒添煩惱。有時，只想自己一個人「吞掉」算了。打落門牙和血吞？是的，不說，也就等於無事。

大家靜中撫心自問，某些難關，你是否已經熬過？

——熬過了，事後才說得坦然。

某些時候，你不把家中難唸的經帶出門。走到外面，馬上換上一張笑臉，投入工作，面不改容。人人都以爲你是樂天派逍遙派。

某些時候，你又不把在外面的委屈、失意、失戀、病患、拮据、恥辱、辛勞……帶回家去。外衣一裹，無人知你遍體鱗傷。

六大「不小心」

北京人的「順口溜」，「四大不小心」分別是：

「炒股票不小心炒成股東，

做房地產不小心變成房東，

泡妞不小心泡成老公，

練功不小心練成法輪功。」

人大通過立法，徹底打壓封殺法輪功，「取締邪教組織」，嚴懲甚至處決。

早前還對朋友說：

「人們不練法輪功，大可改練香功，另覓精神寄託。」

——但，法輪功已瀕絕境，香功還會遠嗎？

反正當局的戒心，來自這些「民間組織」的凝聚力。到目前爲止，原來最「傷身」的是氣功。

但論到「傷心」，應該加上本城「兩大不小心」：

「上牀不小心做了成龍，

戀愛不小心遇上豐豐。」

——「大人」的事，所有局外人都一知半解，難置一詞。

最無辜的，是「小孩」，被迫來到這個世界的兒女、成長中的兒女，爲甚麼要承受大人貪歡的壓力？

世上確有「傷心地」

(一)長城。(二)桂林山水。(三)杭州西湖。(四)安徽黃山。(五)江西廬山。(六)長江三峽。(七)蘇州園林。(八)江南三大名樓之一——滕王閣。(九)深圳世界之窗。(十)湖南張家界。

這些地方我差不多都到過，——除了(九)和(十)。那深圳世界之窗是送錢給我也不肯去的了。

何以表列？

原來是老百姓十大不想重遊的「傷心地」。

中國大陸的勞動節長假期由五月一日至七日，當局估計出外旅遊者高達一億人次。廣州《新週刊》一項調查：一度魂牽夢縈的祖國山水名勝，皆令人失望。

山水名勝，都有特別風貌，值得一遊。

我還記得桂林的馬肉米粉、長城雪景、黃山煙雨、蘇州園林的驚豔感……。這些地方，不知變得怎麼樣？是各界的評語：人山人海、頹垣敗瓦、水質污染、廁所髒臭、騙財陷阱、複製造假……嗎？

或有叫人不想重遊（甚至不想重提）的地方。但再髒再亂再不堪，如果你同喜歡的人去，心情好，不會在乎。

——只因在某處，曾有某人，或發生某事，叫你傷心。事過情遷，重遊更添愁和恨。

你避開它忘記它，連路過也不願……。

世上確有「傷心地」。

無情無義，無牽無掛

一位在情場打滾數十年的大俠，一直有不少女人投懷送抱。他是老手，年紀稍大了，仍有「鐵布衫」：——

向對方講清講楚，沒有結果的。

「要無牽無掛，就要無情無義。」

早早說了，仍然肯？便是心甘情願。成年女人向自己行爲負責，承擔後果，哪有被迫？——連「挾持小孩以達目的」之類招數也不會靈光吧。

這種心得，必是遊戲人間，玩得爐火純青的領悟。可見十分奏效。而且不會產生傷害的毒素，間接造福人群。

一個人爲甚麼會牽掛？

當然是動了真情，擔了道義。

牽掛是痛楚的，明昧不定的，在午夜醒來便再也睡不着的。雖然心細胞不會增生，所以從不患癌，但心細胞死一個算一個，脆弱的人經不起幾回創傷。

除了和尚，便數情場老手最「禪」了。

——不過，無情無義似乎說來輕鬆，實踐又不那麼容易。

而且，無情無義的交往，根本不會引發跌宕的驚喜和悲哀，——這種過程才最誘人，才最令人心跳吧。

「無」，便無牽掛。但也無哀樂了。

好的戀愛，你會爲了對方而忘我。

壞的戀愛，原來也是忘我，强迫自己不存在。——爲甚麼竟是一樣的原理？

你我互爲「貴人」

男人同女人分手後，各方面都不很如意，事倍功半，再遇上的人怎也比不上她。

男人在一個情緒低落的夜晚，給女人打個電話：

「我没有其他意思，只想告訴你：原來你是我生命中的『貴人』。」

他收線了。果然没有其他意思。——因爲他自己也不好意思。

女人聽了，淡然微笑。她想：

「我是你生命中的貴人，但你並不是我生命中的貴人呢。」

所以不可惜，也不留戀。

只有離開他，才有遇上雙方互爲貴人的新機緣。反過來還得謝謝他。

你有這經驗嗎？

因爲你依依不捨，就像比賽時馬匹給戴上的黑眼罩，令你只能專注眼前的一段路，完全沒有機會環視四周更好的風景。你令一個人活得更好，他卻不領情，還以爲是自己的福祿。失去了才明白，有甚麼用？

甲是乙的貴人，不值得驕傲。若同時乙亦是甲的貴人，才值得高興。——這樣才是圓滿的，相輔相成的一對。

情場上的男女，互爲貴人，才可以互相提升，彼此開解，增加靈感，推動上進，大家一起活得更好，愛得長久。

單方面的貴人？只是施與受吧。

女人迫令男人團結

男人之間總有一種微妙的情愫，不管多麼愛女人，末了還是同性相吸，惺惺相惜。——女人只在塵埃未曾落定之前矜貴。

像中國五千年文化，以男性爲中心的巨著，寫的都是好漢、豪傑、浪子、智者、强盜、猛將、霸主……，他們上山落草出生入死，成甕吃酒，大塊吃肉，分金銀，穿紬錦，臭味相投情比金堅。「熱血賣與識貨的」，識貨的永不是女人。女人要一腔熱血幹甚麼？她們都承受不起，無處盛載。

經典的英雄片，戲中男人都愛互相舉槍致敬，非常硬直。說是正邪對峙，不如說他們不能缺少同性的抬舉和配搭，相得益彰，否則太寂寞。

法庭上男人坦承難拒女人自動獻身的誘惑，衝動犯錯。他道：「哪有貓不吃

魚？——」所有同性會心微笑兼同情。

日本小說《竹籔中》，强盜在丈夫跟前强姦了妻子，她竟然「陶醉」在他的暴力下，無意地散發一種連丈夫也未曾見過的嬌柔美麗，還說：

「任由你帶我到任何地方去。」

她驟下決心：

「把他殺死吧，只要他活着，我便無法和你厮守。」可怕的話令强盜也大吃一驚。凝視那抓住他胳臂的柔弱而兇狠的女人，——剎那間，他一腳把她踢倒竹葉上，交加了手望向丈夫：

「那女人你打算怎麼辦？殺？或饒？你回答時只須點頭即可。殺不殺？」看，仇恨敵對的男人，竟可站在同一陣線上，是因爲女人迫他們的。

每個女人都曾經一次或多次迫令男人更團結。

「扮」開心好辛苦

電視劇中，女主角對男主角道：

「一個人開心就開心，不開心就不開心。不開心卻扮開心是好辛苦的。」

「做人」基本上好辛苦。

而最辛苦是「扮」。

可以騙盡所有人，也騙不了自己。

有沒有試過？——你的心堆積了鉛塊、充塞石頭、被嫉妒腐蝕了一個洞、苦水滿溢、結了冰、火燒火燎、離愁別緒、仇恨傷痛……。

你的臉完全沒有半絲笑意，你的大腦無法指揮嘴角往上牽，你想大哭一場，或頹廢至深宵，用酒精毒藥麻醉，睡到死爲止……。

但，因爲環境、氣氛、自尊、虛僞、顧全大局、維護形象，你只好「扮」開心，「扮」笑。

一個人「笑」很容易，「開心」卻很難。不開心的笑，或許人家不大覺察，但自己的耗損，卻是加倍。獨處的時候，笑容「嚓」地消失，痛得難受。

若没經過「扮」開心的磨練和煎熬，你也不會成長，體會真真正正的開心，是多麼稀罕，值得珍惜和應該盡情享受。

我們都希望可以任性些，開心就開心，不開心就不開心，用不着粉飾太平。真的要扮，最好是在開心之際，「扮」不開心。笑意隱藏卻夜雨難瞞。

可惜我們不開心的時候居多，而非「扮」不可的機會也不少。

没得選擇。

「悼愛妻」

七月初，在某一份報章某一個角落，我看到了這一段訃聞。

題爲「悼愛妻」。

他寫：——

「我的愛妻×××於×月×日×時終於擺脫了病魔糾纏，沉靜的入睡，終年三十六歲。

過去二十三年來，我倆一同經歷每天的歡欣喜悅和排難闖險。她說過感激我盡心盡力營造她的幸福，但我只覺得她作爲我的情人、妻子和最知心的朋友，任何事也是我份所當爲的。

事實上她主導重塑了一所學校的學校文化。個人和家庭方面，她的誠懇與熱

情感染了她身邊的每一個人，也使我變得堅忍、誠懇和認真。

我雖未能有幸與她廝守到老，但我倆在此祝願天下有情人都能相依到白頭。

夫

×××」

——這是我所見過最優美而動人的悼念文章之一。

死者年方三十六，正當盛年，原來與他在十三歲時已相識相知，是最初的愛戀，感情深摯透於紙背。工作亦滿腔熱誠，——可是，命運喜歡捉弄有心人。讀之十分惋惜，哀歎。病魔竟一下子奪去兩個人的幸福。

而寬厚的他，雖遭生離死別之痛，仍祝福天下有情人。這一份「廣」和「深」，令哀悼得到昇華。

「哭泣室」的留言

Isabella 在電郵上說，某天，她在食店廁所內發現了這樣的兩行字：

「我愛他，他卻偏不愛我。」

這是要領鑰匙才開啓的廁所，所以留言者一定是女的。

她用油性筆書寫，字體秀麗而工整，猜想是個清秀又帶點害羞的女孩吧。筆跡並沒被工人清洗掉，所以在這廁格內「解決」的便人人都看得到了。

大家常在公共廁所看到不同的留言，有些很猥瑣，有些很哀傷。字體也有好有壞(不過是差勁的多，而且錯別字)，還有附上自己的電話號碼。

選擇在廁格內展覽心事的人，不知是甚麼心情？是拿着預備好的筆，寫上預備好的字句？抑或躲在裏面哭泣，怨恨命運，一時有感而發，順手便寫了？

女人很喜歡躲在廁所裏傷心流淚，彷彿這是一個安全而固閉的「哭泣室」。不知過了多久，眼淚乾了，出來洗把臉，重整身世才見人。

自歎的句子，留待同病相憐的女人去發現。

——但世上最尋常的痛楚，不外是：

(一)他愛我，我卻偏不愛他。

(二)我愛他，他卻偏不愛我。

沒有對錯，痛在「偏偏」，不能勉強。爲甚麼？也沒得解釋。寫出來，不一定便好過點，但，你們哭吧。

《遍地風流》的春夢

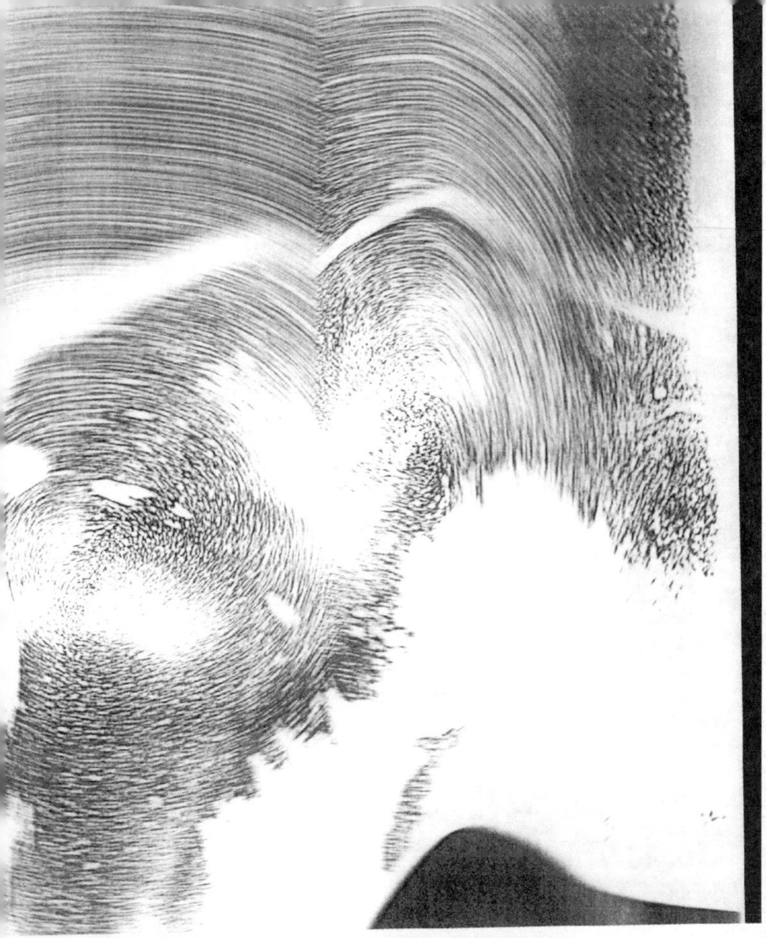

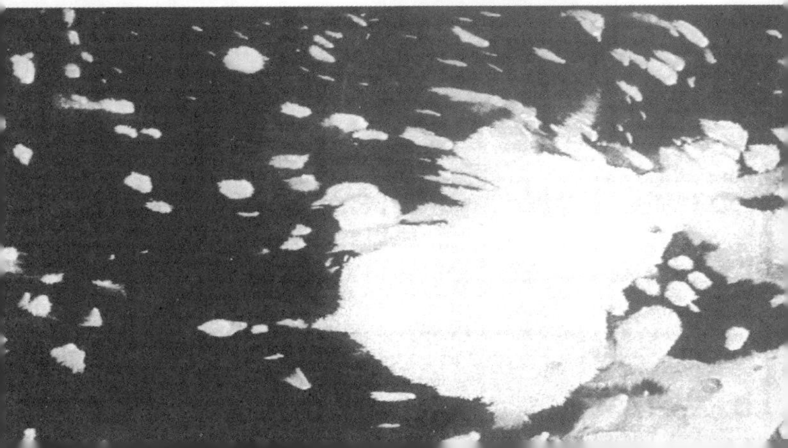

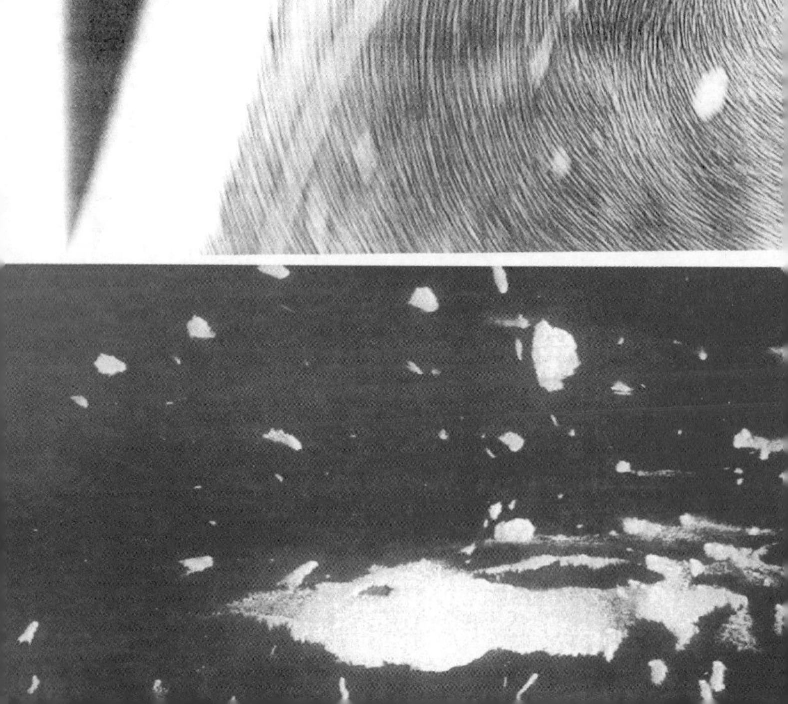

《遍地風流》的春夢

阿城爲他的《遍地風流》自序。他說，這書，「實在令人猶豫要不要翻一本舊賬」。當時正年輕、氣盛、元氣足、狂。

可是他們陽光燦爛的日子，恰好是中國把一切都砸個稀巴爛的年代。連少年「春夢」，都帶血。

這是書中某一個小故事：——

顧安直上小學的時候，看上了一個叫曉霞的同班女生。畢業時，同學交換東西。好像本子啦、鉛筆盒啦、書包啦。都是用過的，新的買不起。大家抓鬮。碰到甚麼是甚麼。安直憑字跡，認得他拿到的鉛筆盒，正是曉霞的。

各自上初中。初二時，安直開始遺精，先慌了一陣，但漸漸，他春夢的對

象，是心中那突然長大了的曉霞。

高三，他成了造反抄家兼押送「地富反壞右」及其家屬回原籍的紅衛兵，又紅又專又兇又狠。

在壞分子堆中，他發現了蒼白發抖的曉霞。

他領她到車站貨運道上，解開她的褲帶……。他還模糊地想，也許可以去聯繫一下，把她留下來，不必隨被剃頭的父母攆回老家受批鬥。

不久，他們被發現了。

曉霞被打致死。罪名是「勾引腐蝕紅衛兵」。背完全打爛，被初秋的蒼蠅爬滿。光着的兩條腿上是第一次的血。

蒼蠅飛起來的時候，

沒有血的地方是安直夢裏的白。

「有意」才能講「緣份」

股市狂潮中，一名入市追貨落空，氣極暈倒的師奶股民教大家：

「千萬不要與股票談戀愛，否則一定會輸死。」

但投資專家卻說股民和股票要講「緣份」：

「今天買不到某隻股票，是『緣份』不夠；買了，但沽了才升，是『緣份』已盡；賺過錢，再買時卻輸錢，是這股票與你已『無緣』；其他人買會贏，不等於你買也會贏，因爲『有緣』才贏，否則便不足惜。」

——究竟人們應該怎樣「追求」股票呢？

如果不同它談戀愛，一點也不上心，不關注價位上落股市行情，買來做甚麼？也很難獲利。

一旦愛上，便要看緣份了。

世上最大的折磨是「緣份」。

每每是當局者迷，以爲有緣，誰知無份；以爲不是自己一杯茶，但最後「竟然」是它。緣份不能自主，只能巧遇，遇上甚麼是甚麼，是你的便無法擺脱，推也推不開，逃也逃不掉。——但先決條件是，你得墮落愛河，投身情網。一直當個袖手的旁觀者局外人，根本不投資，不落注，又有甚麼「緣份」可言？

所以最初一定是「有意」。

有意之後，才把一切推給緣份吧。

玩也得花本錢，既玩，便不要怕，願賭服輸。因爲不管你玩得多麼精，是敵不過大鱷的。

既然自己也是玩具……

《反斗奇兵續集》竟然是令人泫然的悲劇，真是意外。

巴斯光年率衆勇救被貪心玩具收藏家偷走的牛仔胡迪，小孩爲這「義氣」而開懷。大人卻因牛女窺探主人漸漸成長，面對「被棄」的悵惘而落淚。

——每個人都嘗過拋棄和被拋棄的滋味。

你拋棄了一度心愛的玩具，某日，自己又如玩具一樣，被厭舊貪新的人拋棄。因此倍覺辛酸，同病相憐。

看至劇終，自己的劇未終，你便想：

「我們的命運製造商究竟想怎樣？」

Ruby 在電郵中表示：極其討厭 Barbie。不但因她拜金、庸俗、bad taste（所有

物件都是粉紅色的，就連浴缸也不放過！），還有是「勢利」。當初《Toy Story 1》開拍時，誠邀她當胡迪的女友牧羊女，但芭比的製造商怕片子不賣座，影響身價，故一口拒絕。後來片子受歡迎開拍續集時，她就連「伴遊」一類角色，也「不知廉恥地」友情客串一番了。

——唉，我雖也不喜歡芭比，不過她是身不由己的玩具呀，即使願意，但幕後操縱者不成全，這也是命運。

這個戲最好看的，其實是片尾的NG片。明明完美無瑕的工具，卻「扮蝦碌」以遺憾來娛賓，你怎捨得不開心？

火百合無色的血

在花店見到漂亮的花，常會買一束回去。——不管你是否知道它的名字，幾天後便凋零，成爲垃圾。其實任何鮮花，只要一剪截下來，已經半死不活了，不但受傷，還沒救。我們聞到的香氣，是那種生命一步一步走向死亡，苟延的殘喘，花有無色的血，都混在水裏，分不清楚。說不定那香，還帶血腥。

剛買回來的花，是它生命中最奮發的一刻，拚盡力氣亮麗招展，然後天天走下坡路，顏色漸憔悴，垂首不語，至萎謝大去。

再清的水都有細菌，叫浸泡的莖枝腐爛發臭。

要好花多活一陣，可以加保鮮液、阿司匹靈，或在剪口處用火燒灼，使局部

碳化不易爛。而灼傷後更可促進花苞開放。不過以上方式，都懶得採用，一切順其自然。還有，我不待完全萎謝，通常到了九死一生便移走，不太傷感。

有人喜歡清香純淨的百合，不過我較愛火百合。買了一束火百合加嬰兒眼淚。有盛放、有漸開，還有兩個花苞。青着臉閉着嘴，一言不發。

但一天兩天，它脹胖了。

夜裏埋首寫稿，天剛亮，一抬頭，原來忽地綻放，青白中泛着緋紅，酒醉一樣，還有紫紅色的火點。

六個朱色花粉囊十分嬌艷，一碰即要潰散，「掛」在蕊上，像一隻「吊」在女人足尖上的高跟鞋，晃盪而危險。

「黃老闆！黃老闆！」

過馬路時，忽聽得後面有個男人在喊：

「黃老闆！黃老闆！」

前面的人回頭一看，抬抬眼皮，似有若無地點點頭。男人跑上前，在他身邊帶笑問候招呼。雖比他高，不免有點屈膝諂媚相。

大概他是行街、營業代表、保險或地產經紀，永遠西裝筆挺拎一個包羅萬有的公事包。黃老闆當然扮有氣派，連敷衍也費事。

他那麼熱情，也是爲了搭通一根線，日後再有其他交易，好分一份佣金吧。今天用不着，卻爲長遠綢繆。

也曾在深圳見北姑在一家快餐店，一通一通電話打出去：

「老四，你塞咗糞未呀?過嚟吖?我請吖?」

「老四，計唔計得我呀?小萍呀，更耐都唔過嚟炭人嘅?衰到死……」

「老四，有冇掛住我唧?」

——始終有一通，對方受不住嬌嗲的號召，飛撲過關來到春風路，她便有着落了。

這些「老四」，在地盤或運輸公司，老大老二老三都輪不上的，便是北姑甜嘴巴中的「老細」。

你有一份工，不必徬徨地逢人稱老細，躬鞠喚老闆，隨處都算有米飯班主，但隨時都不是。——不要怨。

只侍候一位上司，簡單得多。

魯迅的柔情

看過一篇大陸作家余杰寫的文章。非常細緻，令人感動。文章是紀念「二十世紀中文小說一百强」之首，魯迅逝世六十三週年而作。

從一位老人的回憶入鏡。

魯迅住進北京磚塔胡同的時候，其中一位鄰居俞芳，現已年近九旬，當年還是個小女孩。名家工作繁忙，在幾所大學兼課，早出晚歸。一張冷面，一雙冷眼，神情肅穆，讓人望而生畏。但他猶有赤子之心，同這些小鄰居相處很好。送積木、改綽號、買蘿蔔、吃元宵、在太陽下以放大鏡取火玩……。

俞芳回憶中，還有一幕：——

有一次夜深人靜，他伏案寫作一天剛好睡下。

西屋魯家幫工王媽和俞家幫工齊媽發生口角，愈吵愈響，以致魯迅整夜失眠，第二天還精神不支生病了。

其實只消咳嗽一聲，便可「喝止」的了。他搖搖頭道：

「女人吵嘴，彼此心裏有氣，若制止，雖然不會再吵，但心火不消，恐怕也要失眠。與其三個人睡不着，不如我一個人睡不着。所以還是讓她們吵一吵，等話說清楚了，心裏氣也就消了。」

「英雄本色」，其實最是溫柔。

曾被壓於中國黑暗期的作家，也許想不到：

——中國的男人們，卻一直吵到今天……。

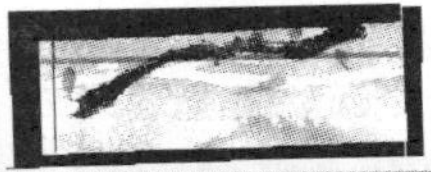

性感《鬼妻》Look

《鬼妻》故事簡單，但拍得幽異傷感，想不到那麼多觀衆爲它流淚。同時，我發覺這百多年前泰國水鄉的年輕愛侶，造型性感，體態動人。不知道未來會否流行這種「反璞歸真」但又「好蝦人着」的裝扮？

男女都是有型短髮，臉部輪廓突出。皮膚黝黑，充滿陽光氣息。長年赤足，自由隨意，毫無束縛。

男主角麥，固然俊朗、原始、很 man。女主角娜，一身「古裝」，原來是春夏的 tube top，露肩低胸，下身窄窄的布裙，棉麻質地，調子含蓄，卻是現代高雅的杏、啡、灰、黑系列。裙子一裹一纏，打個結，又似三個骨褲。把女人瘦長靈巧的身段，襯托得好舒服。比起刻意裝扮的庸俗，一張素臉，卻嫌脂粉污顏色。

連男觀眾也欣賞這份簡樸的美態，道：

「好 sexy！」

——不過，他們千萬不要笑。

cool 到底好了。因爲一咧嘴，人人露出日夜嚼檳榔的「成績」——一排發黑的牙齒，異鄉風情，幾核突。

電影好看，漸漸大家都不在乎了。

後來，只聽見鬼妻一聲聲的：「麥！麥！……」，發自內心的低喚，言語沒甚麼花巧矯飾，但盡是：

「我捨不得呀。我捨不得呀。我捨不得呀。……」

真是生死契闊。

「不請自來」

無法忘卻昔日風華的藝人，爲了吸引注意多多見報，總愛不請自來。在熱鬧場合作出怪異行動，製造新聞，在人家的生日會門外徘徊……。

「不請自來」，有時是意外驚喜，有時變成笑柄，備受揶揄。心腸好的，或會表示憐憫：「願主救救他吧！」

如果可以，「請也請不到」當然高貴得多。——但孤芳自賞太寂寞了。

其實世上很多人，也是不請自來的。不過一個人天天這樣做，次次這樣做，像蓋印一樣，成爲標誌，才特別矚目。

你知道嗎？「不請自來」並不太過稀奇。除了某些人外，很多東西也是：

(一)愛情：——

一種最莫測的感覺。你不知它甚麼時候，躡手躡足便來了。是的，請也請不到。但不管暗戀、單思、相思，完全無從策劃，不可防範，也逃躲不了。

(二)噩運：——

要來便來，毫無因由。當然，好運亦然，但相對而言，百分比太低了。

(三)機會：——

忽然出現，如果你沒準備好。只有「機」，不相「會」。還是溜走的。

(四)死亡：——

生死有定數。可惜人們永遠不可預知。想死的卻請不動死神，得苟活下去。要走的，全是不想走的人啊。

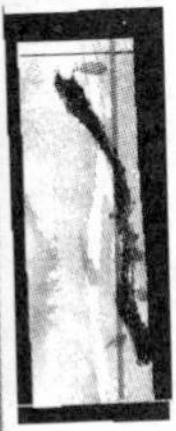

一點風聲也殺人

「他們敲牆、撞鬧，故意刺激我。

連街上的汽車也不放過我，非要用力響號，大吵大鬧。

每個人都三三兩兩，在背後細聲講大聲笑，嘲弄我，想我早點死！……」

神經衰弱或躁狂憂鬱的人，常常聽到「不願聽」的聲音，愈來愈受不了，總是另有聯想。極度不安、失控。長年累月，變成噪音殺人。

同這些人交談，最好完全避免「精神病」三個字。我會說：

「是你個性好靜，聽覺比一般人敏銳，所以小小的聲音也可以好嘈吵。」

——其實一個人太得閒，或太緊張，周圍的聲音也令他煩躁。病人認爲是辱罵或攻訐，正常人則無法集中好好做自己的事。

是的，人體構造那麼複雜，但有時脆弱得不堪一擊。

從前，這種脆弱卻是特別的「嬌貴」，以示大户家風。

記得楊絳的小説寫天津大資本家的小姐：——

身材高䠷面貌秀麗，善於修飾長於交際，是標準美人。「她讀書時怕攪擾，連手錶都得脱下，包着手絹兒，藏在抽屜深處，免得『滴答、滴答』的聲音分心」。

不是造作，也非病態。有人百毒不侵，有人一點風聲就倒地。我們受盡折磨，才有今天的强悍。

假的「八反安未果」

日本唱片大賞有個「最優秀新人」，她名字好有趣，喚「八反安未果」。其實覺得特別，只據漢字的字面來看。通常我們形容不受控制雜亂環境，稱「九反之地」。既不能平定，又不可收拾，多麼麻煩。而這個女孩，她已在「八反」階段了，雖不致過份，要她安定下來？不可能的。所以「安未果」。

不過女孩得新人獎時，混亂、心跳、手抖、聲顫，還痛哭，很一貫的表現。幾乎每個得獎者都有一至五項的組合，所以太正常。

她沒有同名字一樣反叛和躁動的氣質。

去年，她是芭蕾舞老師，也唱過甚麼《早上之女》（？）。今年，她的唱片是

《Shooting Star》，也就是最安全的戀曲：——

「星塵已無家可歸，
爲何總在黎明到來之前，
化爲灰燼？
就算愛已消逝，
對你永不忘懷……」

你說是否回到簡單原始的感覺？

看到好些「意料之中」向各界討好的藝人和歌曲，我們總希望出一兩個不按常理不依常軌身心帶來狂風暴雨的突破性角色。叛逆、不在乎、不給傳媒虛偽的面子，不傷害他人而能轟動冒起。

——有沒有真正的八反安未果？

尋找雞蛋衣的女人

日本流行一種橡皮一樣的保濕面膜。粉橙色。「Orange Mask」賣點當然是水果(看來還會出士多啤梨、奇異果、桃、蘋果、西瓜、檸檬、柚子、柿子、柑、鳳梨……。反正能吃的都行)。

一般最能哄人的面膜是濕的，「多汁」。只消提到「骨膠原」，便有女人相信。——如同「我很掛念你！」一樣。

醫生明明說，「骨膠原」並不可能透過皮膚滲透，吸收進體內。但這片面膜又明明在你臉上漸漸的乾了，「汁」不見了，它一定是跑進皮層，叫肌膚回復活力、彈性。青春緊密。

但橡皮一樣的橙面膜，既不見橙汁，也沒有橙肉，還是乾黏的，只有香味，

香味一向虛幻。它比較適合在浸泡溫泉、風呂浴時，水氣氤氳中，敷十五分鐘以上。

不必專家，我也可告訴你：

「最好的水果面膜是現打鮮做」。

新鮮水果榨汁攪茸，混麵粉、蜜糖(之類)，成糊狀，敷好待乾，比任何「高科技產品」都好。——只不過費時費工夫，人們寧買高昂的次貨。而把水果吃掉，已收同樣效果了。

「面膜」是比較虛榮的過程吧。

但我們在大都會，實在找不到一個沒用過面膜的女人啊。沒一張臉是雞蛋，弄不好還是皮蛋，統統都誤會：——終有一天，像剝掉雞蛋上一層衣。

把演員「腌」出味道來

有人說姜文的新作《鬼子來了》十分焦慮和沉悶，看得輾轉反側；但也有人說這個戲由人性出發，頗有味道。

想看看這個戲。不因爲它得了康城的電影節大獎，而是「人性出發」。好的小說，好的戲劇，最重要的是人物、人物、人物。——有血有肉，藝術的騙局變得真實。

也許姜文自己演戲時特別注重鑽研角色性格，所以也同樣要求他的演員。不管這個戲如何，在一個訪問中，他認爲「誰都可以當演員，只要你給他合適的角色」，故「適合」和「素質」是他選擇的標準，並要他們實在地生活，扔到農村去，養豬殺雞，每人派一個唐山人，天天學習唐山話，五六個月下來，幾

乎沒成了農民。

演日軍的日本人派到部隊接受軍訓，培養「殺氣」，勾起中日仇恨。

故事以人的「心」，人的矛盾作主線。

於是這些演員，就像「腌」鹹菜一樣，被放進醬缸裏，一段日子，腌出味來了，等要拍攝的時候，再把鹹菜撈起，切片、切絲，都有味道，都好吃。

作爲導演、編劇，如果演員肯「受腌」，多令人感動。

但這樣的一個戲，非一年半載不行。有沒有這樣的演員？有沒有這樣的時間？——要雙方都「肯」？願打願捱？

難過戀愛。

只有一個原因

一個人對另一個人無所不談，甚至把不可告人的私隱秘密也說出來，只有一個原因：——信任對方。

如果是情人，也只有一個原因：——深愛對方。

一定是很愛很愛這個人，相信不會出賣自己，才「不設防」，把前塵往事和未來憧憬相告，說得興起、放心，以爲是一生一世。應該讓這個人知道的，好多好多……。

情到濃時，根本没想過，有一天會被對方掌握「痛腳」來攻訐的。把做錯了的事告訴一個看錯了的人，便是雙重的大錯特錯了。

爲甚麼有些人留一手？

爲甚麼有些人只說七分話？

爲甚麼有些人未肯全拋一片心？

——不因爲他們特別聰明，只是受過傷害，不容許自己天真。對方知得愈多，你愈危險，愈恐懼，愈痛楚。就這樣簡單。

不過當初心甘命抵，個人應負全責。

被自己信任和深愛的人出賣，是最大的教訓？抑或活該？

有好多好多話想說？怎麼辦？總不能在地上挖個洞，然後向泥土耳語，末了再把它埋好填平，吁一口氣。

——大家找到可靠的聆聽者嗎？

你知道，即使有一天不再相愛了，你仍可安心地一覺到天明？你太幸運了，太值得羨慕，幾乎有點妒恨呢。

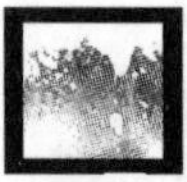

「操你媽」的潑婦

在灣仔一個地鐵站外，見一名女人大罵男人。這裏有球場，附近很多無所事事的阿叔阿伯，路過時都向男人行注目禮，甚至很捧場，當忠實觀衆。

女人是北姑(沒有説是北菇雞呀)。操流利普通話：

「他媽的！『媾』(call)你不回。手機也關了。找半天找不着，在這兒站了好久……，你怎麼失蹤了？想甩我嗎？」

「你他媽的拿不拿我當人？」

「我操你媽！」

「我操你媽你爲甚麼不作聲？你是不是男人？手機拿來，我砸了它！」

十分擾攘。

一個女警行咇逡巡，看她兩眼。稍靖。

女警走後，北姑繼續大罵，完全不給面子，——我是說，她來到香港，男人的地盤，找上他了，在人家地方撒野，「不給香港一點面子」。若果這是「歧視」，過來踩場的北姑肯定受到衆人目光歧視。

男人竟然窩囊得不敢吭一聲，他是懾於淫威？抑或問心有愧？

附近看熱鬧的年紀相若的阿叔阿伯，又羡又妒，——因爲他們得不到一個女人當衆大罵，人生未免有些欠缺，所以心底酸溜溜。表面吃吃笑：

「老友，活該！」

失勢的男人

一個男人失勢，等於閹割。

愈是位高權重，顯赫一時，愈是一言可定興衰，置人生死……，英雄梟雄，一旦淪爲普通人，比任何一個普通人更普通，因爲他不止於「平凡」，他是「負數」。

男人失去了命根子，是爲「去勢」，「去」，聽來平和，隱含暴力。非個人意願，欲挽無從，而更悲慘的是，本來有的，一夜之間「失」了，由主觀角度去哀悼。

失去權勢，表情一定黯然。鞠躬下台的不知凡幾，中國的歷史，也就是上台下台史，中國是個大舞台，——但，下台的没一個如同豁達的戲子，是一早洞

悉，心甘情願的。

男人失勢總是措手不及，毫無心理生理準備。有時是際遇，有時被整治被報復，有時敵不過歲月和能力，江郎才盡，霸王末路，這些還好，還可以。

——但因爲「女人」？他那麼愛但又那麼恨的，比他少了一根器官的女人？卻間接褫奪了他的權勢命根子？

要知道，有錢，並非男人的終極心願，有權有勢才是。擁有很多很多的錢，未必擁有很大很大的權勢，所以富可敵國，最終還是希望買一些（或換一些）無形的權勢……。你看，富豪們已經在進行中了。

男人保不住這寶貝，他活着，已成爲「歷史」，可以寫回憶錄了。——如果還有人想看的話。

「無意地」中獎最開心

我没有中獎命。——但如果中獎，我很希望是「無意地」便中了大獎。没有苦心孤詣，並非逢賭皆博，而是，中了？自己也不知！忽然間，無限驚喜，快樂必是雙倍的。

像美國紐約的「千禧超級大抽獎」，彩金高達一億美元，一次過提取並除稅，也有四千四百萬美元(約港幣三億四千萬元)。結果公告後，這筆全美有史以來最大的彩金，卻一直無人認領。

原來中獎的六十六歲平凡老廚師買了彩票，但忘記此事，到了新澤西州探望朋友。後來聽説頭獎得主仍未出現，他姑且查看，赫然中獎。爲怕老眼昏花看錯了，還先後叫來妻兒也核對一番，才知千真萬確。一家人狂喜不已……。

領取獎金、退休、接受訪問、慶祝、送禮……，這是後話。

但無意地，一剎間的「迷惘」和「快感」，最好的毒品也提供不到。六十六歲才中獎？晚是晚了一點，如果二十六、三十六便已中獎，即使獎金減半或四分之一，亦更美滿。——不過，中好過沒有中。

我就沒中過了。

甚麼？你也一樣？真是同病相憐。只好繼續工作。

但這位突然提前退休的廚師伊利伯伯也說：

「我仍舊每天凌晨兩點半醒來，不過如今醒來只是望着窗外，不知該做些甚麼。」

——繼續工作吧。

月光花

淡夢

月光花淡夢

沐浴露、香薰油、溫泉浴劑……，不同的香味，因心情、興致而經常更換：花香、草香、海洋、水果和植物精華。

不開心的時候，短暫的香薰掩蓋了一切因由。——雖然過後仍然有點內在哽咽，起碼紓緩了一陣，對得起自己。

有些人愛上了一種味道，永恒不變，這是因爲味道以外，有心事。是「人」的幻化，而不光是嗅覺和感官的刺激。——我們其實也希望只爲一種味道顛倒，如果不可以，便讓衆多不同的味道來調劑。

個別香薰油不大安全，還有致癌物質：苯。吸入過度，可致皮膚敏感、情緒不安，反而更抑鬱，真是「落井下石」。

有一種印度來的香薰煙，約一呎長，黑色，貌不驚人，燃點時散發「鴉片」味道，令人產生興奮感覺，一時不察，便成了癮君子。

即使「香味」是危險的，莫測的，但遇上清清淡淡又精神一振的空氣，還是一餉貪歡。

一天走過店子，竟聞到罕有的芳香。原來是「月光花」。

據說一九九八年厄爾尼諾橫渡美國西南部一個沙漠時，Moonflower 開得前所未有的燦爛，黃昏過後，月亮初昇，千千萬萬盛放的月光花令四周充斥特別清新、浪漫的芳香。

我買了一些沐浴露、淡香水、噴霧和香薰油。他們送了個絲絹香囊。浴室睡房馬上又換過一種清淡的香味。叫我忘掉前塵。

好好造夢。

半明半昧最動人

信用卡廣告：——

女孩「經常」光顧同一書店，戀棧不去。目光偷偷地向他那方溜，若無其事，不知是看書，抑或看人？在書店工作的男孩，忐忑地想：「冇嘢㗎，佢真係冇嘢㗎。佢成日嚟，都係因爲……咋。」

女孩「經常」光顧同一咖啡室，戀棧不去，總是示意添咖啡，若無其事，她是在等他嗎？在咖啡室工作的男孩，忐忑地想：「冇嘢㗎，佢真係冇嘢㗎。佢成日嚟，都係因爲……咋。」

宣傳信用卡簽賬有優惠和抽獎的兩個廣告，都用同一對主角。少男少女，乾淨清爽，而且帶一種久違的含蓄書卷氣。——書和咖啡，總不能「所託非人」

吧。

掀到週刊一篇特寫：「蠱惑仔身邊的女人」。十五六歲的 wet 妹，流連公園，即晚受媾，渴望做「阿嫂」。她們的「男人」，也不過是又寒又削，人家的「嚫」而已。你會覺得太可笑，——但，在街上走過的少男少女，都是這些人。誰還泡書店咖啡室？

廣告拍出若即若離，又疑又惑，乍驚乍喜，自欺欺人的情懷。

而這個階段，很快過去。

——深恐道破，可能是另一開始，也可能是結束了。心亂如麻或心如刀割。又怎會「冇嘢」？

愛在半明半昧最動人。

手機比人寂寞

一個女孩提出證據：

「我現在都不用手提電話，便知沒有男朋友。」

她說，談戀愛時電話不離手，每天都帶定幾個充實的電池來替換。這是一望即知，毋須解釋的。

「談」戀愛，當然「談」得興起，手提電話是最最最重要的媒介。不論何時何地，一定找得到對方，一定被對方找得到。至外國時，還不吝「漫遊」。常常把手提電話關掉的，若非無意，便是無人。

即使手機輻射有致癌危機，甚至令經常接近收聽的頭側易脫髮，也起不了阻嚇作用。每個男女都在「等電話」。

——誰介意第一下的劇震？

尤其是耳筒和微型咪已普及化，在街上，迎面、擦身的，都是一批批向空氣調侃和撒嬌的人。

他們衣着趨時，舉止正常，卻忽地「自言自語，自講自笑」，說些無聊肉麻情話，或憤怒跺足，神情沮喪，或酸風醋雨，目露兇光……。原來只是墮落愛河的瘋子而已。

在地鐵或公共場所，手機一響，各人慌忙搜尋或啓動，便覺人間有情。再噪聒、擾攘，再癡癡迷迷喃喃自語，總好過惡毒攻訐咒詛。

對手機最戀戀不捨的日子，實在是一種廉宜但又充實的幸福。

分手後，手機比人寂寞。

一切以「分貝」定奪

我竟然參與了一個永遠也沒想過會到的「盛會」。

在銅鑼灣，忽下了場急雨，到時代廣場避雨，順便到 city，super 一逛。誰知正舉行日本人氣偶像的簽名握手會。宣傳《另一個天堂》這電影。

在台上的有江口洋介、柏原崇，這兩位我認得。還有一位市川實和子，不知是誰。還有一位，瘦瘦削削，長髮蔽目，更不知是誰。——而這位哥哥，卻得到最多的「奪命狂呼」，有少女公然索吻。

雨不停下着，三四百個 fans，穿校服的年輕學生，少男少女。鎂光閃閃，更多是用攝錄機，拍下偶像一舉一動。尖叫吶喊直至完場。

忽地有人朝一個方向狂奔。

羊群效應，又集體狂奔，看來是「追車」，但影兒也不見。追呀追，結果一個兩個……，滑得跌倒，急忙爬起，奮力再追。

銅鑼灣一隅，由震動至人去台空，回復淒冷雨景，——不過是大半個鐘頭的事。

江口洋介和柏原崇，一度是fans瘋狂簇擁，忘情哭喊的對象。這一回，風頭都被新上位的Sugizo（《月之海》搖滾歌手）搶去。

那種「勢利」十分明顯，坦率。完全不顧台上人的感受，一切以「分貝」定奪。也很難受。

江口洋介早退。柏原崇笑容很少。——也不過是數年間的事吧。

請你不要提示好嗎？

她説，相識不久的男人對她很好，她也有點意思。

這個男人，各方面條件還可以，但——

「他常常説笑話，十分之悶！」

——笑話也會「悶」？

當然。他每説笑，生怕人家不領會，總不忘補白：

「説笑吧！」

簡直重點提示了。

問題是，不一定都好笑，距離「幽默」還遠。那麼落力地逗你開心，爲了應酬他，不叫他傷心，只好笑。——弄不好，只能「皮笑肉不笑」。

她歎息：

「我究竟做錯了甚麼，得勉強地『哈哈哈』？」

這令我想起電視節目的「拍掌位」、「笑聲配音」、「笑袋」、喜劇的「鬼臉」、還有小燕子的瞪眼吐舌。

從前有些文章，作者寫了幾行字，忽地加個括弧：(一笑)。——他相當恐懼讀者忽略這個「笑位」，一旦錯過，他的心血白花了，所以提醒：「你還不笑？你還不笑？」何等用心良苦，幸好現在不流行了。

我們明知生活苦澀，並且期望一些令人快樂的元素。

很久沒有發自五內的笑了，所以膚淺或虛假一點的都殺！——不過，交給我們自主好嗎？

「精神分裂」的青釉

送了份禮物給自己：一件青釉瓷器。宋代有五大名窰：「官、哥、汝、定、鈞」，各有特色，價值連城，以我卑微的能力，當然只能買仿製。景德鎮的青花、彩瓷、顏色釉，是元明清時期的主流，我最愛青花，——不過，後來還是挑了青釉，因爲上面有開片紋飾，十分漂亮。筆筒太小，傘筒太大，所以要了箭筒(不是弓箭的箭，是「執着雞毛當令箭」的箭。——損友如此嘲弄！)。用來當花瓶。

本來還有一個選擇，是口沿塗醬紫色釉的，但因這「豉油邊」，就貴一倍。我想，也許以後再買更好的吧，也許，會添一件「金絲鐵線」的……。此刻量力而爲算了。

仿哥窰的青釉瓷器，釉面上開片，其實是「缺陷」，因爲燒製時，釉的收縮

率大於胎的收縮率，所以出現嚴重精神錯亂，精神分裂，表面有縱橫交錯毫不規則的大大小小片紋，細碎迂迴，反而成爲一種「缺陷美」。

東西買回家，才開始「瞭解」它。我問過三家國貨公司五家商店，那些裂紋都有不同說法，而且他們全認爲自己是對的：

(一)壁裂：指身體。

(二)逼裂：指燒製過程。

(三)碧裂：顏色碧綠。

(四)冰裂：像冰上的紋。

——但我查書，冊籍上沒有這俗稱。都叫「開片」。

而「冰裂」，則音義皆美。

男人可偷之物

有男人因爲洗爛了老婆的胸圍所以他去偷胸圍作賠。

有男人經過屋邨見到懸掛的女人褻衣他便偷走一個胸圍一條底褲。

有男人在百貨公司偷竊香水、洋娃娃、乾花、巧克力、太陽眼鏡……。

有男人躲在女更衣室伺機偷去一條女人剛脱下來的底裙。

有男人在超級市場偷了兩包「樂而雅」衛生巾。

有男人……

這些全都是法庭消息，皆罪成並判罰，有些還留案底。當中不乏受過高等教育，有高尚職業，或家境相當富裕的豪門望族。

不明白。但事情發生了。

其實男人有很多東西可偷。

小時偷針大時偷金；驚險的是「偷渡」；悲涼的是「偷安」、「偷生」；小眉小眼的是「偷嘴」、「偷懶」；鬼祟的是「偷雞摸狗」；有本事的去「偷樑換柱」、「偷天換日」；最大的歡娛是「偷香」、「偷情」；逍遙自在則「偷得浮生半日閒」……

除了「偷漢」。（——但也不是沒可能的。誰說男人不能偷漢？）

不管偷甚麼，也沒有胸圍底褲衛生巾那麼猥瑣羞家。

夢中人臉是平的

看到一個笑話。女人說：

「我昨晚做了個好可怕的夢，——夢中人人的臉都是平的！」

男人說：

「那有甚麼？我每晚醒來看見你的胸部，才真的可怕！」

潛意識的反應，說了不適當的話，令原來已經不開心的人，更受傷了。輕傷重傷不重要，——但，非要這樣坦白嗎？

你不知道對方會反覆的記着，記到甚麼時候啊。也許一針之孔，足以借勢裂帛。

「黑色幽默」也要掌握現場氣氛，勢色不對，光剩下「黑色」，一點也不

「幽默」。對了，應該怎麼回答一個也許是受驚，也許是撒嬌的女人呢？

「比起來，我每晚醒來看見你的胸部，仍是有曲線的。」

「有沒有××(她的死敵)的胸部那麼平？」

「你呢，你的臉呢？」

「不要緊，人人都平，凸出的才是異類。」

「……」

——這種夢其實有甚麼可怕？女人只是「姿態」，誰要你關心一個無聊的噩夢呢？她不過希望男人說：

「別怕，有我！」

如此而已。

一根繩子

一根繩子，聯想到甚麼？

馬上想到上吊。因爲這是最簡單、快捷、可靠的死法，髒是有點髒，會失禁、射精、雙手緊張得把大腿抓得出血……，但上吊多半足以大去。

繩子又同綑紮有關。日常生活必備。性虐也需要綑紮，增加快感。繩子可以編織，亦是工藝創作。

上吊用軟的繩子還比硬的繩子奏效。

而世上最軟的繩子，人們喚之「赤繩」，赤繩繫足，也就是浪漫的另類上吊。

古人用結繩來提醒記憶，但執包袱也得用繩子結束關係。

每個人出生，必帶來一根天然的繩子，那是你我的臍帶。誰能擺脫繩子的魔

掌？把「繩子」剪掉，便留下一個疤痕來作印記。無一倖免。臍洞是臍帶凹陷的墳墓。

但原來繩子另有妙用：——

一名女子，從小不喜歡自己的性別，一想到是個女的，竟然痛苦得掉眼淚。最恨發育中的胸脯，用膠布纏、用板子夾、用磚頭壓……，最後用繩子天天勒，勒到「沒有」爲止。

又有一名男子，夢想當女人，渴望可蹲着小便，不惜用繩子勒緊陰囊，企圖把它勒廢了，置諸死地而後生。

繩子的作用是「變性」。

「惡法」，就是一根一根的繩子，當政客用以綑紮別人的良知時，自己先變了本性。

幸福衛生巾

電視上有花邊報道，群眾公推一百年來偉大發明，當中多與民生有關：電話、電燈、電影、電腦、飛機、冷氣、攝影、自動電梯……。居首位的，竟是抽水馬桶。這發明令我們的生活得到最大改善(可惜中國大陸，即使是大城市上海，每天仍得用人手洗擦七十多萬個馬桶)。

其實，另一項偉大發明應該是日新月異的衛生巾。因其包裝時尚，登堂入室，令女人對它的忌諱、羞赧、尷尬，一掃而空。

月經是永恒不變的生理現象，但月經帶，卻令人眼花繚亂，興致勃勃。有些纖巧有些絲薄有些超薄，日用夜用還有天天用。它們柔軟舒適、感覺乾爽、防皺摺、有護翼、不側漏、末端加長永無後溢、巾身固定絕不走位、吸力

强、渾然不覺忘記它存在、安全可靠。有些有「引導層」，有些更厲害，還會「做拱橋」：中間加厚。最新的環保型，是可以換芯，而非即時拋棄。一一散發香氣，集中吸收，令女人不舒服的日子也變成享受，每個月都可搞搞新意思。

衛生巾值得歌頌。

一次閱報，很好笑，女藝員隨大隊出發到雲南拍外景，因一去近兩月，「裝備」要充足。她說：

「若用大陸的衛生巾，好似棉胎般厚，坐下時會高了幾吋。」

箇中感受只有用家明白。

現代大都會女性多幸福！

爲誰吃苦？

A職高薪優，立志減肥，她找來專家計算醫生輔助，並花上五位數買了一部跑步及上落樓梯的機器，每天預定使用兩個小時，計劃兩個月內見成績。

B只是小秘書，收入有限，她要減肥，除了少吃一點外，並放棄乘搭電梯，上下班及中午吃飯時間，上落十五層樓梯，天天如是走四遍。

A與機器發生關係的頭一個星期，尚興致勃勃不怕苦。漸漸懶散，不但把時間減半，還隔天才肯做。連電子計算機的度身Menu也不管。

B最初「攀登」，氣喘心跳，非常難受，後來「不知如何」，身體適應了十五層樓的梯級，身子越來越輕快，所花時間不自覺地縮短了。這份苦差甘之如飴。

——你以爲這關乎錢非萬能嗎？

成功在於恒心嗎？

原始的方式戰勝科技嗎？

當然不。

真相只是B交上新男友，她要以最好的體態展示於他。

A沒有奮鬥的「目標」，不想自虐。

——女人，是從來不會爲「自己」減肥的。

當年的「連容騷」小姐

那一天，在超級市場，忽見一位頭髮有點花白的師奶，挽着兩大膠袋的雜物，很眼熟。

想了想，啊，原來她是當年粵語陳片中的茄喱啡，沒有名字，但經常出現。在陳寶珠蕭芳芳的電影中，是工廠妹群衆、派對中大跳阿哥哥的壞學生、飛女、好姊妹、村姑甲乙丙、妹仔丁戊己……。

我見過她做戲。

還衝口而出：「我見過你做戲。」

她有點驚訝，一時之間笑不攏嘴。没想到有人給認出來。有點靦腆。

後來某夜，又在一齣陳片中見到綺年玉貌的她了。

這戲喚《烏龍王發達記》，是丑生王梁醒波擔綱的。合演都一時之盛，各具特色，羅艷卿、李香琴、鄭君綿、鄧寄塵、譚倩紅……，還有我好鍾意的，那風情萬種酣歌熱舞惡死能登的譚蘭卿。

戲中有一個「連容騷」小姐選美大會。位位36、22、36，泳衣出場，搔首弄姿，全部熟口熟面的茄喱啡上場，犧牲色相。這位安詳而平淡的師奶，也是佳麗之一。

看真點，原來上台的還有羅蘭姐，身材甚正。而在龍年，羅蘭姐「龍婆效應」，亦當上了影后。是一份略爲遲到的安慰獎，但有便是好。

主角們各有各的際遇。

配角們也各有各的命運。

分手「五講四美三熱愛」

中國共產黨五十年以來，「發明」了不少奇特的名詞、宣傳口號，以推動黨的政策。——大多數可以用在情場上。

「破四舊、立四新」、「三要三不要」、「三大紀律八項注意」、「自留地」、「香花毒草」、「撥亂反正」、「憶苦思甜」、「資產階級自由化」、「對內搞活，對外開放」、「多快好省」……。

且每個人心目中，都有他要求的「紅五類」，避之則吉的「黑五類」。

見近日娛樂圈男女分手之惡形惡狀，醜態百出，令人欷歔。

最圓滿的分手，應該參考共產黨的「五講四美三熱愛」。

這是中國「社會主義精神文明建設」的一種具體形式。

共青團中央、全國婦聯、中共中央宣傳部、文化部、教育部……等等，都推崇和推展此活動。

男女相愛一場，也是緣份。

緣盡了，也得：

「五講」：——講文明、講禮貌、講衛生、講秩序、講道德。

「四美」：——心靈美、語言美、行爲美、環境美。

「三熱愛」：——熱愛祖國、熱愛社會主義、熱愛中國共產黨。分手之後情緒低落，心如死灰止水，不問情事，當然移愛國家，才更偉大。

黑玉和黑石

有陣子金價狂漲，有朋友笑道：「幸好及時買了一些首飾。」——其實她那「一些」，又怎算投資？多小兒科。

我沒甚麼「金器」，基本上不大喜歡金，我較喜歡玉，玉石或水晶。冷一點的東西。金太熱鬧，而且「響亮」。

玉分硬玉和軟玉。硬玉指翡翠而言，好的翡翠，令佩戴的人心神安定，但又怕招引盜賊，戰戰兢兢。軟玉中，羊脂白玉最美，但最貴。還有青玉、碧玉、黃玉、紫玉，黑得像夜的墨玉。——可惜不夠黑時，則似有雜念的，輾轉的夜。

日本的4℃銀飾，設計摩登、冷漠、簡單，簡單得幾乎沒有設計。

爲甚麼是4℃？大概因爲0℃已結成冰，6℃又開始融解——4℃，湖底的溫

度，夾雜晶瑩的碎冰。

曾在東京隨意看中黑色月光石的指環和手鐲，一套。但指環八號太緊，十和十二缺貨。光買一樣，並不圓滿。售貨小姐一直鞠躬道歉，說：

「下個月再來便有新貨了」。

過客，下個月怎會還在？shopping 只是自由任性，一時興起，但不「深刻」。有點遺憾？是的。但我們也微笑離去。

而以後也沒特別去買了。

某天經過百貨公司，咦？原來在港新登場呢。一問，Onyx 仍是缺貨。其他的又不想要。

算了。

北姑的「鎖」

見到一位冶艷的「北姑」。不要追問這是否要講憑據，又總不能胡亂把人「定性」。直覺上她就是，因爲她的磁場不同。

女人上身穿一件小背心，活像一個肚兜，吸引不少猥瑣目光。

但，她下身是一條貼身牛仔褲，加腰帶，牛仔褲內穿了絲襪，然後是雙涼鞋，連腳趾也不肯袒露。

在苦熱的天氣下，三十四度高溫，絲襪已經是「炮烙」，還加上厚厚的牛仔褲，真是酷刑之最。

她下半身大概已被汗水泡浸，就像長江洪澇下的簡陋民房。

穿得那樣奇詭，透着汗臭，她表情不見得歡快。

難道是心理上的「補償作用」？

爲了生計得以最誘人的姿態最肉慾的形象招搖，還在拉客時挨近體貼。

心底仍是想把她的私人「工具」鎖好，一層又一層的桎梏，不會一下子便全盤解構。

世上當然罕見逼良爲娼的苦況了，但走上這條不歸路的女人，總有隱藏的心事。

也許在潛意識中，她表達了吃苦、熬熱的能力强。

也許她洩漏了一點「矛盾」而不自覺。

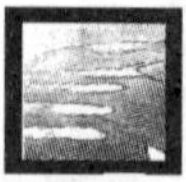

不痛不癢不罵

「靜」，不但恐怖，還有從此被遺棄的寂寞。你看棄婦、棄嬰、棄貓、棄犬、棄男、棄父、棄母、棄卒……，連罵的人也沒有。

女人向閨中好友訴苦：「他連罵我也不肯——我們很和平，沒吵架很久了。」

學生向老師提出：「你偏心，你只罵他，不罵我。」

風頭躉生悶氣：「上 Ball 場比吃飯還勤快，爲甚麼沒人拍走光相來揶揄我？」

名人忍不住了：「這個那個他都爲文大罵，總是輪不到我，真不夠朋友。」

作家納罕：「咦，寫得那麼糟，都沒讀者『指正』？」

女同志抗議：「社會各界及傳媒只顧諷刺男同志，根本漠視我們的存在。」

兩個男人去尋歡，甲問乙：

「你有向她招供嗎？她准你去嗎？」

乙道：「如果她『不准』我就開心了。」

——不准，因爲開始「管」他。

若不在乎，不關心，不妒忌，不痛不癢，他天天搽骨夜夜春宵，交兩個深圳女友，間中還包個三線小明星……，不停在她跟前明示暗示，有甚麼意義？在女人而言，街外人啪了一百粒fing頭丸般癲狂，又有甚麼反應？

大家應該明白：有noise，才有「存在感」。此外，「肯罵」，「肯捱罵」，是一種雙方皆付出的代價。

● 夢人「逢魔時間」

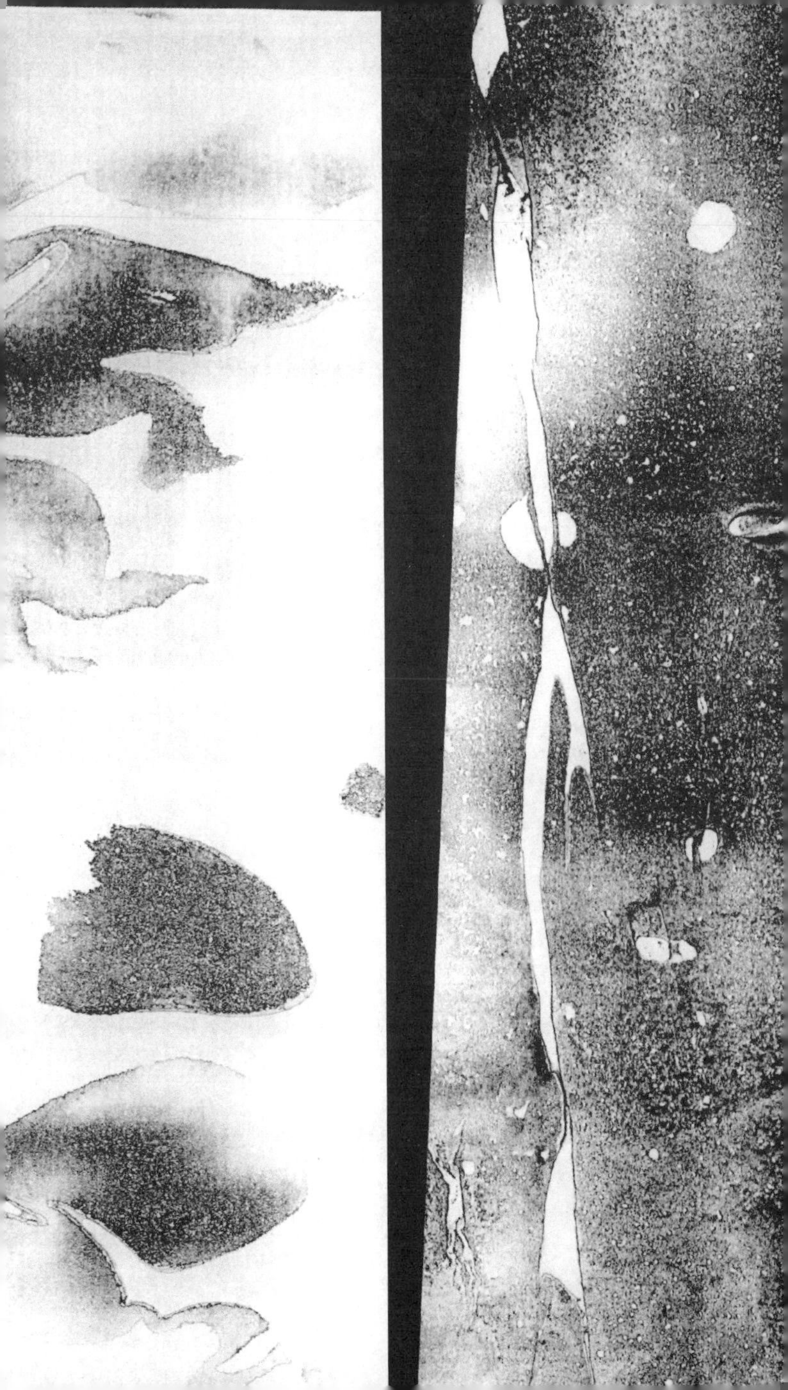

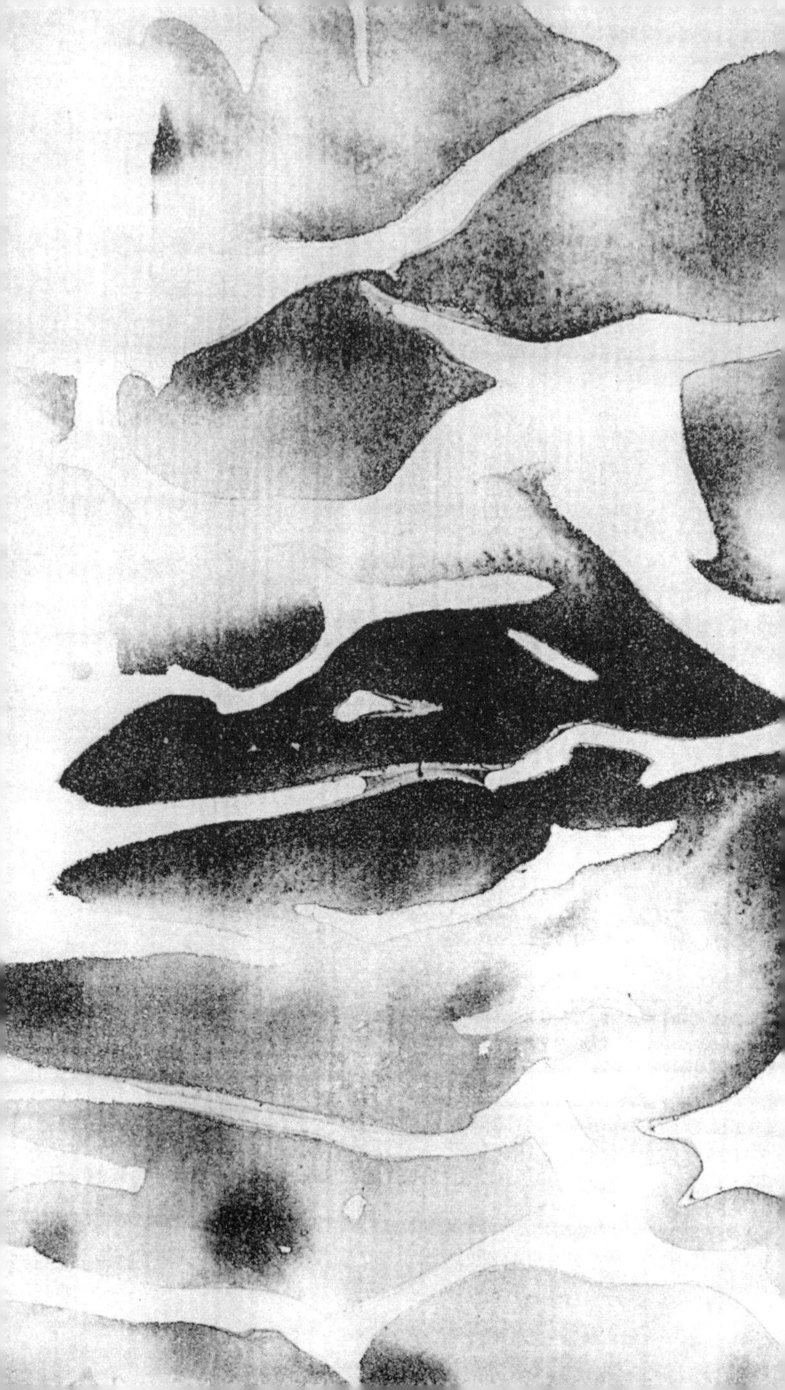

夢入「逢魔時間」

記得以前看過一句日本古語，把黃昏時段稱爲「逢魔時間」。他們認爲傍晚是日夜一線之差，是人的時間和魔的時間交界處。

人在上午體內時間狀態較佳，精神爽利，到了下午，開始疲累、焦躁，連腳也浮腫了，因體內時間變壞，是以「逢魔」。

重要的事，別在一個思考力、判斷力、分析力……，和吸引力都減弱的時段內進行。因爲你會聽信了「魔」的暗示，不易反駁，無力抗拒。

其實每個人的「逢魔時間」都不同。

很多人在黃昏，也有些人是正午、深夜，或清晨。

——而我整天最混沌、愚蠢、善忘、遲疑、軟弱……的一刻，便是清晨。

不知道你們在甚麼時間「逢魔」？

但世上所有人共同的「逢魔時間」，不因「生理時鐘」，而以「心理時鐘」算計，必然在你思念的一刻。

你愛他／她多過對方愛你？忐忑？妒忌？等待？後悔？擔憂？惆悵？

快樂、悲哀、寂寞……的時候，全世界都在，只有一個人偏偏不在！你覺得遺憾，恨不得用一氧化碳把無關痛癢的人送走，換你所要。

愛情的「逢魔時間」，似乎沒有貧富智愚美醜之分，十分平等。

而且，是：任，何，時，間。

但你怎捨得不投身這個魔夢？

大兩號的球鞋

看見一個女孩腳上的球鞋，像一雙「小艇」。她笑：

「因爲很喜歡，但又沒有我的號數，本來跑了，想想又回來，捨不得，太喜歡了，所以還是買了它。」

我說：

「看來真的很大呢。」

「對，」她說：「不是大一號，是大了兩號。」

那麼的不合適，又有點滑稽，但不影響心情，不存在空位。走起來有點拖拉踢躂，主人仍是挺開心的。

球鞋的款式、顏色、型號，都不算特別，——不過最重要的是「喜歡」。

自己選擇的，喜歡的，哪管旁人怎麼看？不傷害人，傷害到自己亦甘願。對於物質，「擁有的快感」勝過其他。

我也試過遇上喜歡的鞋子，不介意它大一點，可以用鞋墊，或穿厚襪子。——但小一兩號？擦傷起泡，舉步維艱。人們容忍大一兩號的能力較高。是因爲沒帶來即時的痛苦，後患也不太大。

不知道男人會爲不合適的鞋子豁出去嗎？

或許成長後變得理智。

或許是花不起。

就像「忘年戀」，愈年輕才愈忘年，才愈不在乎鞋子大。

在一轉身之間

有一回到藝術中心看演出，因爲是free seating的關係，開場前大家得在劇場外排隊，長龍一直延伸至三四樓。

我們到得遲，排在龍尾寸進……。

樓下的座位滿了，通知開放樓上。——如此一來，排在龍尾的人，只消一轉身，便是樓上的龍頭。

「真不公平啊！」連我自己也這樣說。

但這個安排是由不得自主的。難道會依循「公平」的規則，再調換位置嗎？秩序豈非大亂？我們接愛了命運的「好意」。

那些卡在中間的人，兩頭不到岸的人，好無奈。剛剛輪到，只差一點點，望

門興歎，才一轉身，卻在比你晚來者的後頭了。這種 timing，是人生最大的捉弄。

「究竟做錯了甚麼？」他們這樣想。

沒有錯。只是欠緣份。

有些人認定了愛情目標，雖然此刻對方心有所屬，但他等。終於等到那人回復自由了，也有時間和心情轉身發現你的存在了，正待上前一步，牽着手。誰知卻有一個後來者，在遙遠的彼方微笑，你的心上人中招了，把手一甩，就此投奔。

「真不公平啊！」——世上哪有守得雲開見月明？

有時我們好運。

有時不幸。

只因爲在乎

某男與女人反目：

「我一生以來樂於單身。——但女士們都嘗試利用魅力及怒火説服我。」

情已逝，當初一切甜言蜜語全是笑話。所有男女都明白，有些事，有些情，是「不想記得」的。

不過，一個在乎的女人，嘗試利用魅力及怒火説服男人，這是她的「努力」。努力不一定有用，也不一定奏效，甚至有反效果。

但不緊張他，何必花這力氣？

世間女人會盡量展示自己美好的一面，性感的體態言行，去吸引意中人，打動他，希望對方快樂。因爲有些時候，你快樂，所以我快樂。

——並非女人窩囊，而是把他放在首位。對一個半點「意思」也沒有的人，魅力就自然而然收斂起來，以免浪費電力了。

所以，動用魅力是一種「積極」的伎倆。

至於怒火，雖有點「消極」，但何嘗不是反應？對方是不重要的人，才相敬如賓，犯不着爲他傷心、傷身。憤怒還傷元氣，賠上精神心思。

女人生一頓氣，馬上老了幾個月，需要時間復元。

妒忌得流淚，抑鬱，沒有胃口，缺乏補給，消耗的，何止男人想像中那麼少？

免得過，誰肯生氣呢？爲甚麼？爲甚麼？——只是被一時的愛情戲弄，愚不可及。但你卻控制不到自己。

突破關係的大動作

中美世貿談判，歷時十三年才達成協議。——其實這場「談判」，等於男女之間一段「膠着」的關係。

由普通朋友至男女朋友，之後，郎情妾意也罷，拍拖久了，拖泥帶水，各有原則。都希望再進一步，更上層樓，但……

所以時時兜兜轉轉，一時讓步，一時執着。

漫長、艱辛、沒有結果。

局勢變得迷糊。

「到底你想怎樣？」雙方心中有個疑問。是不是就此分手算了？如果繼續下去，難道仍拉鋸？大家玩心理戰？真的累了。

——但，情場的「突破」是不容易的。誰先表態示愛，誰就矮了一截。誰愛得深些，誰便是輸家。一段好姻緣，無所謂輸贏，雙方都是「用家」。成就姻緣，要靠一個轉捩點。

一個男孩說，他的女友用「以退爲進」的方式逼他馬上作出決定。

一個女孩說，她的男友突然失蹤，測試二人思念對方可以達到甚麼程度。

記得那個時候，中美雙方都費盡心思但又堅持立場，消息傳出，美國代表團已經退掉房間，乘搭上午十一時多的飛機離開。當所有人都以爲談不攏時，已運至機場的行李，又被搬回酒店去。他們又不走了，表示繼續訂房……。

終於雙方都微笑握手，互相慶賀。所有人都吁一口氣。

——峰迴路轉，需要一個「大動作」。

丟失行李恐懼症

出門，東西越少越好，但收拾的「細軟」，必然是最重要和必需的，所以，最切膚之痛，最可怕，是旅途中丟失了相依爲命的行李。

如果你知道它遲來、誤送，還可乾等。

但「失蹤」？

你發覺，你所有重要的東西彷彿都在裏頭，心情沉重，極不安全。——我有「丟失行李恐懼症」。試過兩次，十分彷徨。

一回在法國，人到了，但行李不知給送到哪國去。朋友代向航空公司抗議，他們只能在翌晚才找回來，後來賠我一點錢，還不夠酒店費用，只能買乾淨衣物替換。

另一回在大阪關西機場。這次最恐慌了，因爲我半個已完成但沒留底的小說在行李箱子中，還有全部資料，待我到溫泉區續完。

在一個宏大先進的一流國際機場，夜班機，人都走了。

雖有暖氣，心冷得幾乎想哭。

服務員(起碼五名)爲我奔走查探，還溫和安慰。

原來一個男人拿錯了差不多的箱子，往碼頭去，乘夜船到神户……。

「查到了!查到了!」有人跑過來。

大家急忙傳訊阻截，最後成功換回來。

——這是我另一個愛上關西的理由。

愛要先「投資」再「投注」

你想賺，先要投資。你想贏，先要投注。

——付出，才有收穫，這是合情合理的。

同樣，你想愛，也得先投資再投注。

要把感情提出來，押下去，才有資格。

有些人希望得到，卻又怕蝕怕輸，怕回報率與付出不相稱，所以他不肯，肯也只拎出一點點。

情場上，或有口數，或可刀仔鋸大樹，總有幸運兒，大贏家，生出來便由人供奉，愛情盤滿缽滿。

但這種人既不是你，也不是我。——我們似乎仍得依循遊戲規則。

當然，情場上豈是「種瓜得瓜，種豆得豆」那麼公平？
最危險的賭博，才帶來最大快感。而那筆賬是莫測的。——也許「投資」和「投注」，末了換來「投降」，大家都有個「殳」。
這個「殳」，音殊，是古代無刃之兵器，長一丈二尺。
你的結果可能是「沒」，那還好些，至多重新做人。
若是「歿」，就傷亡慘重了。
或告一「段」落，或「殷」勤關顧，或積「穀」防饑，或堅「毅」不屈，或只得空「殼」，或成「殿」堂傳奇，或「毀」於一旦。最後「殺」氣騰騰，回歸到「殳」的兵不血刃。

「過份」的寧靜

你有沒有被一種「過份」的寧靜嚇着呢？

深宵寫稿，萬籟俱寂，本來十分愜意，但太靜了，反而一點點的細碎的聲音都變得巨大。一隻小小的飛蛾自窗外悄悄進來，忽地如眨眼「巴習」細響，伏在案頭的筆座，大吃一驚。那飛蛾還很漂亮，透明的青色翅膀，泛了紅絲，好似血管，實在恐怖。

如果四下有殘留的電視或風雨聲響，就不會誘發太多聯想。

還有一回，有朋友在書房工作，爲了不想打擾，我出入都「躡手躡足」。好一陣，問：「要不要喝杯好茶？」

——話還未了，對方嚇了一跳，是真的整個身體「一跳」。因這受驚，良久

才能定神。太好心，做了壞事。

也不光是我們這些普通人。

據說，毛澤東晚年有位頗得歡心的貼身服務員小孟，可她剛進中南海時，熱情的主席忽然不悅，同他說話也不願理睬，還擺手讓她離開。受冷落，甚惶惑。

原來他房間特靜，一次她進去時一點聲響也沒有，突然出現在面前，所以嚇着了。——以後她進屋前，懂得咳嗽、鼻子出點粗氣，這樣才有「思想準備」。

原來人人都經不起絕對的、徹底的、完全的寧靜，在一個這樣的環境，鬆弛脆弱，不堪一擊。

——但「意外」，往往是措手不及的。

山雨欲來風滿樓？反而是最好的思想準備。

沒有「回憶」，可以放手

有否得空清理衣櫃？

——只要徹底清理一趟，誰都會把預算換季的項目減半，原來有很多衣物我們已經「忘記」了。有些只穿過一兩次便擱置，有些還是被冷落的後宮佳麗。

爲甚麼竟可忘掉？當初買的時候不因爲「喜歡」嗎？喜歡得不夠，或不長久，可見是逞一時之快。如何處理其後事？

見社區服務團體，有「舊衣回收大行動」，於指定日期時間地點，收集大家清潔的舊衣物，將分發運送往第三世界貧窮國家，循環再用。

響應的人真不少，堆放一起如小山丘。點收運送的都是義工吧，在聖誕前後都花了整日時間。而我發覺，說是「舊衣」，很多仍新淨，舊的只是款式而已。

厚暖的冬衣，一定叫需要的人受惠。

本城街頭巷尾也有不少貧寒的人需要送暖，路有凍死骨，得靠熱心人士尋找。我們沒有這種奔走的精神。

不要的東西有着落，知道它們有用，自己「奢侈浪費」的罪孽似乎減輕了一點。

某些「舊衣」不同「舊人」。

我們總有最心愛的幾件舊衣，永遠把它收藏好，再陳舊再古老，也捨不得放手。

——而舊人？即使在眼前，心已不在，幾乎認不出來便擦肩而過。

是的，可以送出去的，都是沒有「回憶」的東西。

冤枉了鸚鵡

羅湖邊境檢控一名偷運三十八隻「愛情鳥」入境圖利的香港男子。大家才知道這些瀕臨絕種小動物，原來那麼漂亮。

「愛情鳥」是情人節禮物，稱 Love Bird。羽毛青、紅，鮮艷奪目，長大後還有三十多種顏色。小型勾嘴鸚鵡，喜歡雌雄一雙一對，互相啄吻、親暱。因體積細小，嬌俏可人。比學舌的八卦鸚鵡有趣得多。

但自內地申請入口的手續繁複，所以「走私」。

偷偷摸摸的愛情，有時更加刺激，令人銷魂，因得之不易，十分珍惜。

但偷偷摸摸的愛情鳥，下場是困在鞋盒中，氣如游絲，受盡顛簸折騰，末了還到不了有情人手上。

——牠們的正確名稱，竟然是「僞裝情侶鸚鵡」。

這是個奇怪的學名。

究竟僞裝「情侶」？抑或僞裝「鸚鵡」？好負面啊。

兩隻小鳥相依，親親熱熱，打情罵俏，耳鬢廝磨，怎麼看都不是假扮情侶娛賓的戲子，没這個必要。

而牠們的形相，是具體而微的小鸚鵡，無可疑之處，更非喬裝易服攀附名位，數典忘祖，亦没有這個必要。

是誰最早喚牠們作「僞裝情侶鸚鵡」呢？

真是一場冤、假、錯案。

需平反之。

情場「五常法」

原來企業管理有所謂「五常法」。此意念也許早已有人引進公司，並且實施奏效。——但我不是現代商人，也非管工，所以只是從報道中無意得知。

「五常法」的心得是：

(一)常組織：判斷物品的重要性及使用頻率，作出組織計劃。

(二)常整頓：每件物品都有一定的存量及擺放位置(它們的「家」)，避免亂放，尋找費時，影響工作效率。

(三)常清潔：每位員工每天要執行清潔崗位的責任，大家才有歸屬感。

(四)常規範：連續及不斷堅持這管理方式，經常一一檢查。

(五)常自律：關鍵在於每天自動自覺，養成習慣，共同建立一個良好及舒適

的工作環境。

「五常法」是大原則，實施起來項目很細碎。但日積月累，便有成就。

——情場上，也應該參考，便是：

(一)常組織(令愛情增值)。

(二)常整頓(負面的破壞力)。

(三)常清潔(身心)。

(四)常規範(保鮮)。

(五)常自律(向魔鬼的誘惑說不！)。

帶濃味的郵票

常覺得天天吞進不少廢物的大嘴巴便是我們的信箱。

總是無聊的宣傳單張、樓盤廣告、地產公司說誰誰誰肯出×××價錢要來買閣下的單位(最空洞的勾引)、賬單、薄餅速遞優惠……，莫名其妙的，稱不上是「信」的物件。

很久很久都收不到值得高興的信。

現代人溝通方式多，都利用電波。

——仍在寫的人，他們不是「通訊」，而是「通信」，寫得好，信紙不但有餘溫，還有餘情，是下一回的延續，又不擔心成爲甚麼「把柄」。

郵費浪費在人家收到後無奈厭惡得要扔掉的垃圾上？花了一元三角，又不環

保。

近一兩年，好些辦公室也有「郵票行街」兜售。他們只消拎一個膠袋，已盛了價值不菲的「貨」，大量批發。這些郵票各種面值都有，全可打折。

連郵票也減價直銷？——不，原來是「炒燶」了的紀念郵票。最多是九七、九八年的「貨」，那時炒家囤積炒賣，在大陸甚爲搶手。

……如夢幻泡影，如露亦如電。郵票無人問津大貶值，只好回流到香港平賣，脫手套現。

我們或有很多郵票，即使有折扣優惠，但我們寄不出那麼多的信，也沒那麼多可收信的人。帶點燶味的紀念品，依舊通用，卻是用不了。

彼此都在嘲笑……。

應該「緊」？應該「忍」？

感情由濃變淡，至完全沒有話題，沒有感覺，男人說，因爲女人對他太有信心，不黐身，不更新，不反應。

即使他有任何緋聞，提到任何可能性第三者名字，她亦無動於衷。

「可以緊張一點嗎？」

「可以吃一點醋嗎？」

「她還愛我嗎？」

——你說女人是不是很難做？

一些女人「緊」，一些女人「忍」。卻不知道男人真正要求甚麼？

女人笨一點，退一步，讓一下，她「忍」，很多時便「小事化無」了。這當

然有先例。

原來男人也希望她們「緊」。

難怪有大婆一遇風吹草動，馬上自外國飛回老公身邊，當衆御夫，還施展濕吻加「踢狐腿」，有些奏效。但有些太激進，反而壞事，一拍兩散。分手的故事，仍每天發生。究竟女人是「緊」些好？抑或「忍」下去？只能聽任男人評說。

這不是「努力」便有作爲的。

當愛情消失了，且感情也漸冉時，不管甚麼方法何種行動，都無用。

沉默是「自保」，發言何嘗不是？——再怎麼慨歎，都「欲加之罪，何患無辭」？人們並沒有能力挽回逝情。

不愛，動輒得咎。

只好一直打下去……

一個男人被一個女人追着來打。

男人高大健碩，孔武有力。而女人瘦削蒼白，衣不稱身，連走路也不平穩。人們以爲女人遭欺凌，才奮起抗暴。

女人持一把縮骨遮當武器。男人並無惡意，反像個頑童，挑釁性行爲，——他不怕她，但覺得她好煩。

其實男人有點委屈。他是報販，天天送報，經常被追打。而這也是附近男人的「集體委屈」，因爲女人神經有問題，隨時忽然撲出來，用疑惑的眼光審視世界。誰多望她一眼，馬上發難，那把縮骨遮，大概是「仗劍走天涯」的貼身安全感。

旁觀者中，很多也被瘋女喝罵過追打過。她特別自卑，受不得人家好奇眼

光。男人們悶起來，故意盯着她，老是涎着臉，扮作色迷迷，所得報答是追打九條街。瘋女在該區出沒多年。奇怪，精神病患者是計時炸彈，不是良性瘤，何以容許她長期驚嚇街坊？

有些人外表完全看不出異樣，潛伏危機，會突然爆發；有些人基本上已是燃點中的爆竹了，三日一小爆，五日一大爆。

一個如此仇視男人的瘋女，背後一定有故事。聽旁人說，見過她抱着一個洋娃娃，像呵護孩子。誰走近，她緊抓不放，生怕被搶走。

明白了？

哦。女人變得更好或更差，是因爲男人。可惜她追了半生，打不着罪魁禍首。只好一直打下去……。

「不太好」才更「好」

有女伴譏諷前度劉郎另結新歡是：

「好又一餐，唔係咁好又一餐。」

其實此乃人生哲理。也是一種平衡。當然是好又一餐，不太好也算一餐，才可以過了一天又一天，過了一年又一年。

我們趕時間、心情平平、一個人時……，匆匆在快餐店解決了一頓。但同喜歡的人一起、悠閒又開胃、興致好、要嘗新……，吃好一點，也對得住自己。際遇常起跌，生命有悲歡離合。餐餐都豐盛，天天有高潮，哪有比較？哪來渴求？再快樂也打了折扣。

情場亦如飯局，需要「不太好」的，來烘托「好」的，需要一些調節：——

(一)暫別一段日子。
(二)時地人的阻隔、拆散。
(三)困難、挫折。
(四)第三者的考驗。
(五)從新作出選擇。

因爲思念。極度的思念，比癌還要痛，才渴求聚首的激情。沒有力氣矯飾了，也顧不上面子、尊嚴、冷靜、性格……，這些都浪費時間。

某天見人養了一隻小鳥，圓眼睛有圈白毛，是相思抑或畫眉？我認爲是相思。借本辭典一翻，查不到鳥名，只查到「相思」，《西廂記》第四本第三摺：

「我諗知這幾日相思滋味，卻原來此別離情更增十倍。」

——熬了九餐不太好的，第十餐，你便銷魂。

「寂朱」

這些年來，大勢趨向清貧、素淡、自然、環保，所以很少見紅。

忽見一個封面一項設計一幅畫，以紅爲主，如同尼姑塗上口紅一樣，那抹特異的艷色，開始膨脹，搶眼。

曾研究色版中的紅：

玫瑰紅、嬌媚溫暖。牡丹紅，帶點紫，看來神秘浪漫。

洋紅俗艷，通常用作妓寨的牆紙。珊瑚紅肉感，因接近酒後女體。

櫻桃紅是少年的挑逗。洋茜紅沉實。草莓紅濃甜。

葡萄酒紅，似蕭殺的秋，基督的血。……

至鮮明强烈者，其實不是「血」，而是「朱」。帶橘子色，自朱砂中提煉，

印泥便呈這個顏色。

單純的紅是不好看的，必得靠另一些幫兇以張聲勢。

但華麗的盡處，未免荒涼寂寞，有一種漸萎的紅色，名字中有故事，它喚「寂朱」。

很多寫作界前輩是寂寞地大去的。如詩人、香港掌故專家、曾經華麗選擇蒼涼的才女、……，還有好些是我們都不知道。

印象中，在京都，走哲學之道，還沒到銀閣寺，是法然院，有座墓，毫無修飾，石上只刻了一個「寂」字。那是日本文壇盛極一時的小說家谷崎潤一郎長眠清幽處。

可見參得透。

幸好是一個噩夢

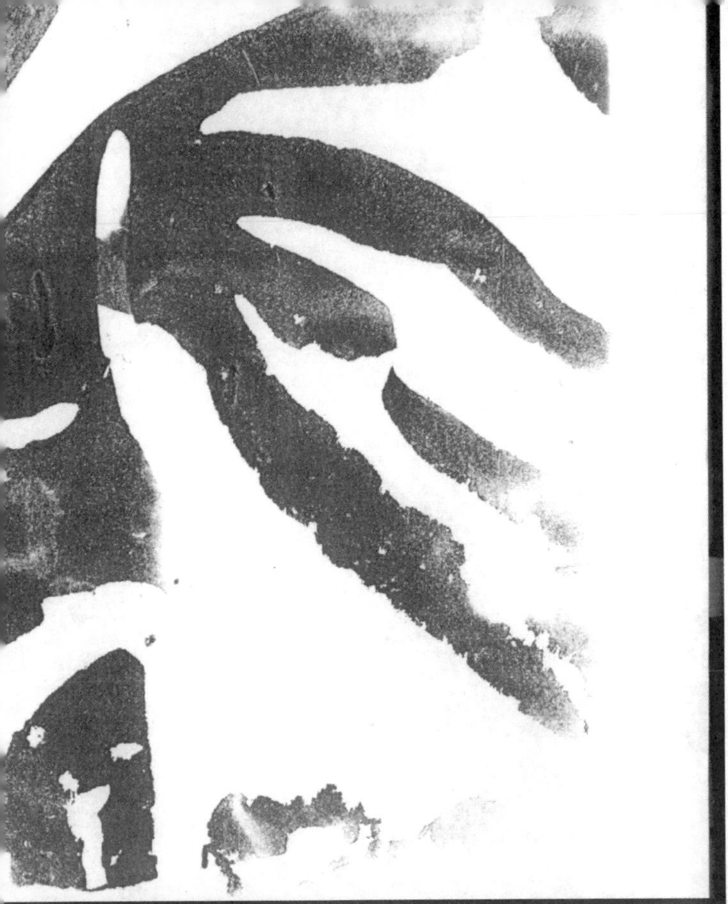

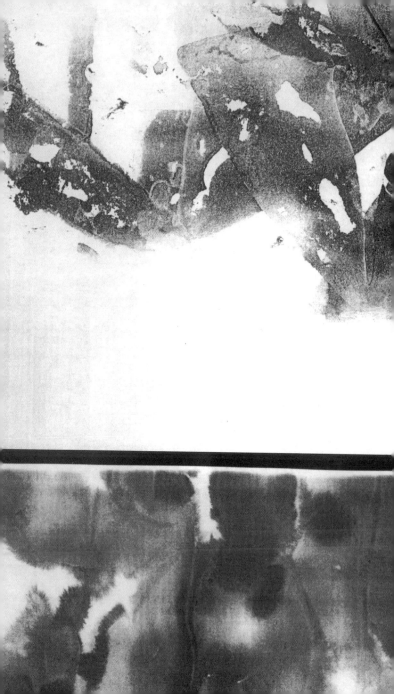

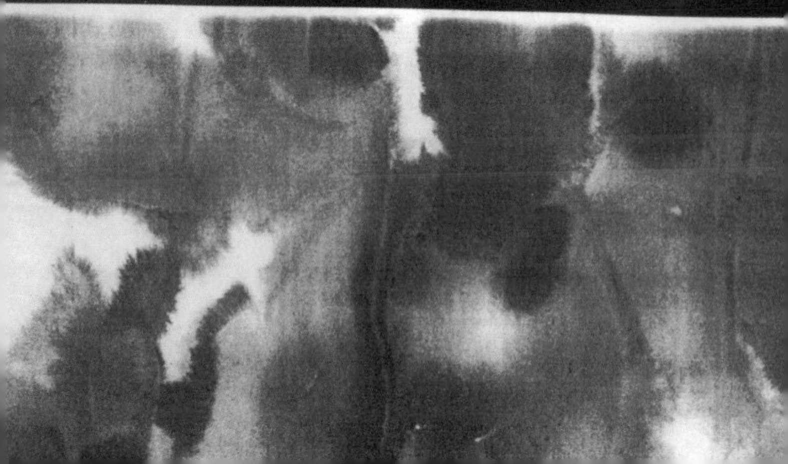

幸好是一個噩夢

那天本來幾個人約好了。誰知感冒，沉重的頭疼得無法思想。打電話給A。

A說：「B剛來電，病了起不了牀。」

又道：「下午的一個會也取消了，因爲對方病了。」

還有：「我自己也感冒。」

後來C非常抱歉地告訴我：「要去看醫生……。」

個個不約而同感冒，誰也理直氣壯，好了好了，大家都長眠不起吧，足足可以睡上二十四小時以上。——因爲「斷食」，瘦了兩三磅。

如果能量全消耗在病和休息上，未嘗不是好事。

還有也消耗在噩夢中：

不知如何，我的銀包、電話記事簿、信用卡、證件……全被偷了，十分的「空」（像我的胃）。報警，去卡中心報失，但連號碼也忘掉。一看電話，鍵盤上不見數目字，全是ＡＢＣＤＥ。四下一個人也沒有，被拋棄的我還拚命打電話。一時不通。一時接通了聽的人又不理，粗暴地截線。竟不停地打電話，眼看天又黑了……。

夢中一秒，也許是人間一小時，也許已經打了二十四小時的絕望電話。

後來被人殺死了。

——幸好醒過來。幸好是一個噩夢。最悽慘，最惡劣，最傷心，如果末了可醒過來，有甚麼關係？如果所有夢境都會成真，我們怎麼敢睡覺？

就這樣，我的感冒好了一半。

「一生最幸福十九歲」？

一名情緒激動，痛哭流涕，企圖跳樓自殺的十九歲男子，說他對不起女友，多次通宵跪在門前求她原諒，不果。

他尋死前在大廈走廊牆壁上刻下長達四百字的「告白」、歌詞和示愛數字「1437」(I love you forever 的數字術語)，還有一句：

「一生最幸福的時間十九歲！」

報載，他本沉迷「一夜情」，但後來愛上了十八歲的她。

二人分手四十四天。

這些數字：十八、十九、四十四、一生……。——怎會牽連一起？

怎能說一生「最」幸福呢？

他的一生，若按正常比例，大概過了四分之一而已。

名女人說她一生最開心是過去墮落愛河的十一個月(卻以戲劇性噩夢告終又復合得案中有案)。太早定論了吧?前面還有更開心的吧，起碼這樣祝福自己，給自己希望。不能把話說滿了。

而十九歲，「才」十九，路還很長。真的很愛她?現在死了也不後悔?——但沒有死，一生的幸福還得靠自己爭取，或者好好換取。

年輕人爲情自殺，他完了，「幸福」有個結論。但對方很無辜，一生也有陰影，「幸福」因而打了折扣。

她可以說：「一生最不幸的時間十八歲!」嗎?

尊重自己的生命，也得尊重你心愛的人的生命。

Tim Burton 的針包女巫

去看《無頭谷》。

這荷李活鬼才導演添布頓的電影，我一定會捧場。他以前的「怪雞」片，如《幻海奇緣》(剪刀手愛德華)、《蝙蝠俠》、《艾活傳》……都很有趣。

我特別喜歡《怪誕城之夜》的天馬行空，群魔亂舞。骷髏積雖是萬聖節城中明星，但空虛寂寞的他，費盡心思尋找人間溫情，還假冒聖誕老人，一片苦心，引出無窮黑色笑料，格外悲涼。

看過 Tim Burton 一本漫畫短詩集：

《The Melancholy Death of Oyster Boy and Other Stories》(九七年版)。

黑色麻布精裝，港幣 195 元。同樣「怪雞」。全是一些匪夷所思的恐怖醜怪

但又十分「可愛」的小孩的心事。

除了那無奈的 Oyster Boy 外，還有誤墮情海的火柴、雙眼有鐵釘的男孩、木乃伊、小黑炭、甜瓜大頭仔、髒小子……。

他筆下的小女巫和針包皇后，再美麗再魅惑，但全身插滿各種顏色的大頭針。她們有個絕對無法解開的咒語：

——坐上寶座，針總是紮過她的脾臟；愛上某人，他一靠近，那些針便深深的插入她心中……。

這書後來有台灣版《牡蠣男孩憂鬱之死》。中譯本沒押韻，也不及原詩鬼馬抵死。

有時不必五分鐘

「只是五分鐘的時間，整個世界已變得完全不同了。」

最近澳洲網球公開賽一場男單準決賽中，森柏斯與阿加斯苦戰五盤，歷時二小時五十五分鐘，最後，他輸了。

比賽當然有勝有負，有上位有出局。——而決定性的手勢，也許五分鐘，也許，不過是五秒。如果相撲，糾纏總共才五秒，一秒可定江山。

很多人在生活中遇上了「整個世界變得完全不同了」的時刻，你不能預測，也無法掌握，但這一刻來了……。

一個女人自白，她一直以爲有孩子有愛自己的丈夫，就有了全世界。——原來當某天他不再愛你了，基本上是「一無所有」。一下子十分孤獨、傷痛。

報載，某失業經年的男人，不但沒拿家用給妻子，反苛索金錢去包二奶。妻子爲此憤怒悲哀，但爲了小孩，忍受很久。那個晚上，他竟然表示「仔乸都不要！」。在睡夢中，男人被她揮刀狂斬，重創。妻子被捕，小孩嚇呆了。

今天跟昨天不一樣，此刻跟剛才不一樣，這個變化，太微妙了。有時可能是一句話：

「對不起，我決定跟他。」

「從頭再來好嗎？」

「原來我如此掛念你。」

「我願意。」

或者「算了。」

爲甚麼把她砍成五塊？

因爲颱風，困在家中甚麼電視節目都看。——無意中遇到一個精彩但悲哀的：國際台的《上海灘》，主題便是「悲」。一宗無頭分屍案。

平日常看繁華迷醉的上海風貌，這回滬白交代一個年輕黨幹部伏法處決之前一段真實紀錄。

小學女教師張靜，到男友陳震華辦公室同他分手。他把她勒倒，還聽得氣「咕——咕——」的響，但仍雙手捏頸直到身亡。盒子放不下屍體，先砍斷雙手，身體再一分爲二。又斬頭燒掉，可是肉太濕，不能燒。只好裝成兩盆一袋，扔進運河去……。

節目一開始是「赤誠相見」的撈屍，然後是一個長得登樣老實的男子，在看

守所地窖，不認不認還須認的心理轉折。眼神初無辜，至閃爍，至恐慌，至無奈，至豁出去招供，任何一位爐火純青的演員也演不來。

由穿戴整齊，至身心憔悴，滿面于思，剃頭上手銬穿拖鞋寫遺言……，每回都無法解釋殺人動機。

他只是不願分手。

「是某種東西控制着，一些我也不懂的東西。」不是不招，他哽咽：「我没理由說謊，只想一切快點告終，没必要延長受審的痛苦……」

——像世上很多情殺案。分手本來算了，何以暴力收場？但，兇手總是無法解釋這「一念」。

所以「悲」。

一張單、一條命

以下，是電視上上海一宗謀殺案審結後，高級法院向死因宣讀的一份賠償清單：

(一)賠給死者父母親收入損失人民幣(下同)4000元。

(二)作爲死者個人財產損失2055元。

(三)喪葬費1500元。

(四)電話費、刊登尋人啓事費、照片費、車費，共501元。

(五)……

他合共賠償11556元。

而死者(一個年輕女教師)父母要求的精神損失費則因無確實估計，所以不用賠。

——好像很瑣碎、無謂，而且太便宜了！一條人命(身首異處，頭仍未找

到），結賬是一萬元多一點。難怪死者父母一直悲痛欲絕。

誰要這款子？人家的子女都會回家，但我們家女兒不過想同男友「分手」，便被「分屍」了……。

當然，這一萬元得外加兇手一條命。上訴總是駁回，他將被處決。

某日，獄吏着他：「有甚麼遺言現在寫寫。」

他慌忙問：「是明天處決嗎？」

答：「可能。」

再問：「我要知是何時！」

但，不大清楚。問也無用。

——最大的刑罰，不是痛快一下致命，一了百了，而是：究竟在哪天執行？

凌晨的悽厲男聲

報載，深水埗發生斬人事件。一個一層六伙板間房分租單位，其中一户夫婦收聽粵曲，聲浪太大，造成滋擾，另一户住客爲油站夜班入油員，收工後無法休息，所以理論爭執，釀成血案。

貧困的住客因經濟壓力、摩擦口角、嫌隙漸深。冰凍三尺，非一日之寒。——不過，在最疲倦最希望入睡之時，任何聲浪都令人暴躁。而那些「享受」中的人，是無法得知自己有多可厭。

最具殺傷力的是卡拉ＯＫ。以前這勾當流行時，家家户户傳來殺豬聲，狼嚎叫，五音不全，對鄰居乃酷刑。

理智的人會報警尋求解決；意氣用事，便在港聞版見報。如果能爲人着想，

收細聲量，或用耳筒，便大事化小。若自私，甚至負氣故意加大噪音，容易製造悲劇。

我有立場，因爲我比較喜歡靜。

在晚上或通宵寫稿，正因爲萬籟俱寂，寂寞但寂靜，特別有靈感。

也有例外，凌晨一時二十分，忽然不知何處傳來一陣悽厲的男聲：——

「你怎能這樣對我？」

「你不要這樣！我好辛苦呀！」

「你爲甚麼不愛我？」

在黑夜中迴蕩。半山，遠望只餘幾個亮燈的窗口，是哪一個？

站到窗前「搜尋」，在最靜的一刻，反而好奇地希望它「繼續發展」下去了……。

「執子之手」

公路上嚴重堵車，因爲前面發生一宗疑互相追逐的車禍，有人受傷。逞一時之快，足足耽誤了很多很多人的時間和要事。如果坐的士，便見收費表「乾跳」，足以把人逼成躁狂症。

怕見車禍血肉橫飛情狀。更不忍見禍及無辜。記得上星期有一宗公路上的車禍見報。一名後座女乘客慘被鐵片扯斷前臂。

她向好友請求：

「幫我執番隻手，今次全靠你啦……」

雖然這是無數車禍中之一，但也令我想到：——禍福無常，只能面對。

希望傷者斷手接駁後，恢復功能，早日康復。

從她「執手」的請託，我們才發現，生命中，這些都是身邊重要的人。

在茫茫人海中找到一個親密的、溝通的、可靠的伴侶，是「執子之手」。

「得之，我幸；不得，我命，如此而已」(這是徐志摩說的)。

那執你手的人，或許白頭偕老，但不保證永結同心。

——如果他永遠有執手之情，你們也從不分手，那是除了對方的雙手外，再得到另一份禮物。

假如沒有這個人，在危險、困難、傷痛……的時候，在清醒與昏迷之間，仍希望有些「今次全靠你啦……」的朋友，無言伸出援手，趕緊執回斷手。

「執子之手」，也有多重意義。

不要自製委屈

一個女子說，最初，人家介紹她認識這個男子時，他表白：

「已跟女朋友分開了。」

於是他倆開始約會。進入情況。

後來有一天，他又表白：

「已跟女朋友復合了。我們不能繼續下去。」

他的女朋友卻又把她也約出去，三個人一起見面、吃飯、聊天。全程都把男子挽得牢牢的，表示親熱，也在示威似的。——他們才是一對，你連第三者也不是。

女子覺得不是味兒。

本來好好的一對，舊愛才是第三者呢。是否有點無辜？

——但，明明委屈，不是味兒的約會，爲甚麼還要去？人生苦短，有很多事可以做，很多人可以見，何必擠到一塊，孤伶伶地欣賞人家的「表演」？

頭一回沒準備，那還算了，馬上得到教訓，千萬沒有下次！人貴自重，沒有把握的東西，要來無謂，——也要不到。

也許世上有很多這樣的男子，他只是喜歡被爭奪，享受女子們的醋意，用來營養自己。如果不是你們願意，又怎能吃定你們？

所以，這是自己的責任。

當然，也可以說是大方、勇敢、瀟灑、玩得起，因爲從來分合都並非嚴重事件。

若是這樣，便應該不流半滴委屈的眼淚了。

當他罵他是「賤婦」

看一個男人怎樣罵人，可以分出「彎」和「直」。

男人相罵，語氣姿態好野獸，盛怒拂袖而去，或大打一場。

某些基佬(强調「某些」)卻是「磨爛蓆」的，絮絮叨叨，而且很少開打(蘭花手怎動武？)，哭泣或一時語塞也有。

不過常見的嘴臉特色是：——

(一)慢條斯理。每詞或句之間，有一段小小的拉腔。身子微晃。

(二)喜歡「咬牙切齒」。

(三)七分臉，昂首，翻白眼「厲」人。罵時揚眉(一條)，還有「藐嘴」。

(四)夾雜冷笑。而且訓練自己唇部盡量不動，以達cool的效果。

(五)最具殺傷力的不是昂藏七尺孔武有力，而是狠毒、致命、閃過一絲「悍」意的眼神。罵時都有「蛇蠍美人」的自我感覺。

(六)坐着罵多過站着罵。除非拉扯。

(七)即使最兇惡最潑辣的也是風情的。即使痛哭也是嫵媚的。

(八)愛用的詞彙是「賤」：「賤人」、「賤精」、「賤婦」(即使對方是男)。——因爲這個字可拖長佔時五秒以上。

(九)人家累了，他永不言倦，想想又再來過。——爭取做最後收聲的一個。

(十)終生事業。

記憶多，回憶少

有次寫個小說，其中有一點關於手機的「技術性」問題。基本上我的手機只是工具，這方面知識好貧乏，只是做足資料搜集「扮」懂。問各方損友，但不能給我專業答覆，也懶得「暴露」其實他們比上不足，比我有餘而已。

指使我去深水埗或銅鑼灣的店子問人。我說：

「你想我去到被人笑死嗎？」

如果自己問得幼稚，又不光顧，雖然不致像港客在深圳「羅湖城」般被惡人毒打：

「你今天一定要買，否則休想返回香港！」

那些機佬會令我喪失自尊。C已經嘲弄：

「手機若用上超過一年，已是出土文物了。」

我決不是潮流的奴隸。不過我知現今即使燒衣給仙遊者，也有手機，且是最新型號。

機械冷、硬，且愈來愈小，容不下人的「長情」，決不能視作貼身的紀念品。它不是一塊玉。

人們對手機沒多少回憶——雖然它們自詡能記憶很多東西。

我終於想起，不如打電話到報館給天天推陳出新網絡版「專業人士」。接電話的剛好是Tony。幸好他沒有笑我笨，還興致勃勃地「附送」一些情節發展的可能性。

「轉數」快，那是今天年輕人的心得。

「禁止死亡！」

可以禁止吃美味的食物，但不能禁止食慾。

可以禁止修練法輪功，但不能禁止精神寄託。

可以禁止接近某些人或某些人接近自己，但不能禁止幻想。

可以禁止加入一個組織，但不能禁止一個組織把你賜走。

可以禁止愛上你，但不能禁止思念。

可以禁止發言，評論、表態、投訴，申冤，但不能禁止異見。……

——即使用盡一切方法，連不能禁止的全部禁了，惟有「死亡」，完全不受制。

可以禁止生，如何禁止死？

西班牙南部一個市鎮人口不多，只有四千，但經常死人，墳場已經爆滿，再

容不下新住客。

上任數月的市長，歸咎於前任市政府管理失當，居民困擾，所以頒令：

「居民須盡最大努力照顧自己的健康，暫時不准逝世。」

小市鎮土皇帝，也許迷信個人的「天子金言」呢。

中國是以「禁」聞名的國家，五千年來，歷朝都有一些風俗、習慣，文字、學問、藝術、見解、顏色、交易、人際關係、思想方式……被禁，可是如此優秀的「禁」的傳人，好像不曾也不敢禁止死亡。

你我奢望人人如常活下去。而走的，往往都是最捨不得的。呼天搶地，誰可挽回？多留一秒，絕無可能。

——這位市長若有成績，請來當全球國家主席。

停車場的「玄壇」

過年期間的某一天，在一個很普通的地方：停車場，我遇上一位「玄壇」。

朋友去取車，我在外面等。停車場收費處有個女職員，板着臉孔坐在那兒。抬頭一照面，因是節日，我下意識地點點頭：

「新年快樂！」

明明聽到，但她一點表情也欠奉。不但沒有「接收」我的招呼，更加沒有反應。——好像人人在過新年，她是唯一局外人，木然地熬過生命中某一天。

我們也不覺得過年有甚麼特別。基本上也「度年如日」，不過對你微笑，你像蘆花淚的晚娘？黑口黑面？真是沒趣。

後來，我想通了。

一個人那麼不快樂，一定心裏有事。

不知道人家的隱私，如果她發生了甚麼事，但又因爲這特別的節日必須上班，否則會失去工作，所以她極不情願地惡狠狠地開工。別人自由自在，車子出出入入，也許觸景傷情，也許眼中看不到笑容，心急着早點下班……。如果她失戀、失意、貧困、寂寞，又怎會笑得出？

人人有過連呼吸的空氣都特別辛酸、苦澀的一刻，再無餘力去應付他人的微笑，爲甚麼我們不體諒？——正如有時也希望得到體諒一樣。

當然，即使你甚麼也沒有，但有工開，也算OK了。

我想這也是安慰獎呀。

已是陌路人

她與男人分開後，專注工作，沒有時間也沒有心情去「回憶」。

人問：

「有否與前度男友聯絡？」

她笑道：

「一直也沒有。我與他已是陌路人，就算在街上碰見也不會打招呼，——不過，不容易遇得上。」

緣盡，包括「偶遇」的緣份也完了。

不知你們是否有這經驗？世界那麼大，有緣千里能相會。但城市那麼小，一條小小的街巷，遇不上便真的遇不上。

你也會想：「遇上了該怎辦？」

不必擔心，怎會如此巧合？——我們生命中有許多「過去式」，咦？一直都沒再見上一面？很奇怪。

這便是「陌路人」。

陌路人指在道左相逢互不相識的人，原來也是大家都在不相逢的路上走着的人，更可以是路上迎面走來但你只覺陌生的人……

當初何等熟悉，對方的身心你都了解，關係也親密，甚至爲之悲喜哭泣，心如刀割。恨不得爲對方付出一切，事事把自己放在次要。——成爲陌路人，則說時遲，那時快。

迎面不相逢，轉眼不相識。

有時天意弄人，但更多時，是天意助人：它幫助你忘記。

逐漸變黑、立即變黑

一個朋友申訴：

「真奇怪，這一陣，我做甚麼決定都是錯的！」

不是說「沒有機會」，而是「好機會也變壞」。事與願違，背道而馳，但無法控制？一定是「當黑」。

一個人運氣不好，面臨決定，便如「美源髮彩」：「逐漸變黑又得。立即變黑晒亦得。得咗！」

——這是魔鬼的壯語。

不如揀立即變黑晒，一次過，快快黑到盡，好重見光明。

你看，像打風，一號風球掛了三十小時，懨懨悶悶，陰陰沉沉，又只改掛三

號，停滯不前二十小時。倒不如狠狠颱一次風，八號九號十號，痛快淋漓。狂風暴雨，四面衝擊。

好，你來吧！大家正正面對，「受了」便過去。天氣和情緒也涼快點。

一般人，資質都差不多，並非誰比誰聰穎，誰高誰一等。——但，運氣卻有好壞之分。

所謂好運，是懂得抉擇，趨吉避凶，順水推舟，所以看來不太費勁而已。當黑的，一子錯，滿盤落索。明明應該要，你推掉；明明有路走，卻逆水行舟。吃力不討好，或吃力又折兵。

「睡覺去。」我安慰她：

「這一陣，甚麼決定也別做，懶得做。黑過了，機會是你的，仍會來。」

十滴艷紅的蔻丹

前幾天報載一名患上「眼癌」的老翁，因受不了病魔折磨，自縊身亡。

我們聽過肝癌、胃癌、血癌、乳癌、腸癌、鼻咽癌、前列腺癌、子宮癌、皮膚癌、骨癌、腦癌、肺癌、舌癌……，但沒怎麼聽過眼癌。這實在罕有。

據醫生說，眼癌即視網膜胚細胞腫瘤、眼皮的皮膚癌、眼白及眼球內的色素癌，或身體其他癌症經血液擴散至眼部所致。

印象中眼睛不會生癌，因爲它並沒有失控亂生變癌的能力。——但凡不會自行「分裂增生」的器官組織，就沒有轉化成癌的危機。

人的心也一樣。

因爲心肌細胞只那麼多，輸一個少一個，死一顆少一顆。沒有後備，無法修

復，永不再生。——故目前也沒有「心癌」。將來若是上了報，醫生又有解釋了。

當最不可能生癌的部位，最不可能生癌的人，忽然有一天也逃不過，我們便明白，一切都是無常的。抗癌痛苦寂寞，要靠自己的意志力，艱辛熬過去(咒詛人癌病復發者好猙獰)。

有一位腦癌女病人，兩個月前剛切除腫瘤，近日有復發跡象，手術和藥物令她身體無力，浮腫變形。但她仍有願望：

「希望可以和家人去沙灘、山頂。」

還讓義工爲她塗上指甲油帶來喜氣。

看到十滴艷紅的蔻丹，我有點感動了……。

烤焦麵包也有夢

烤焦麵包也有夢

曾經收過一些信，陌生的讀者告訴我：他/她失戀的事。不願面對，拒絕承認，但那個人確實已「不是你的人」了。

聽過一闋老歌嗎？梅艷芳的《心債》：「……明明用盡了努力，明明事事都不計，爲何我百般癡心，都等如枉費……」。事情一發生了，已是定局，人力難挽。你的心多像個蓮蓬花灑，一開掣，所有的血自百孔千瘡中全部漏走。

也曾經收過一位中七學生的信，他當署期工，準備升讀大學，籌點參考書的費用。但開工時因一些意外，有兩隻手指被砸斷。——「雖然只是兩隻手指的第一節，但從此，就有兩隻手指特別比人短。而我還得天天對着它們，一生對着它們！」

發生意外那天是下雨天。他一生都憎恨下雨天。

看了這些不開心的傾訴，自己也有點情緒低落。

當然，你我都一樣，總也有不開心不如意，身心受到折磨，有時無力去同情。

風光漂亮的女藝人，得賣身代爛賭的母親償還過千萬元賭債。花甲名流滾女無數，也染過性病。富豪腰纏萬貫，但子孫不肖，爭相敗家。億萬富婆極度寂寞，飢不擇食。有很多人，一夜之間便失去財產、愛情、健康和生命……。

——忽然我想起了近日在日本所見新寵「烘燶麵包」。它登場不久，即成大熱。

這傢伙，設計簡單而實在，火柴人的五官，「一個包」的身體。

有甚麼魅力？

日文的原意是「燶麵人」，台灣喚「烤焦麵包」，香港稱「烘燶麵包」。——不管何稱名號，它的大前提是一個不及格的麵包。

其實，它本來是個好吃的紅豆包，圓鼓鼓，甜蜜蜜，誰知被人烘燶了，變成這樣。

但麵包「被」烘燶，不是它自己的錯呀，是人爲，是天意，它太無辜了！

這些燶麵包誰也不要，誰也瞧不起，它只好一個人呆在角落裏怨哀，灑落簇簇的麵包屑，一頭煙。

好擔心被拋棄，——回心一想，與其被人拋棄，不如自己逃跑，於是執包袱，離家出走。

期間，嚐盡人情冷暖世態炎涼。不但遭人白眼，自我價值也跌至谷底。世界之大，何地容身？自卑的它叼着一根煙在陰暗處灰心頹廢。十分十分落寞……。

後來，他終於覺悟了。一直這樣下去，不是辦法。

麵包烘燶了，不是自己責任，這是事實，改不了。但人不是光看外表，也要講內涵。

是內——涵——啊！

它決心振作起來，鑽研專書：重新烤製一個一個更新鮮更美味的麵包。

殘而不廢，向前看，迎新生。

——烘燶麵包也有夢。

作爲一個「商品」，有很多剛出爐的相關貨物、如座墊、手機繩、鑰匙扣、文具、記事簿、書包、玩具、藥丸盒、香薰、錢箱、毛公仔……。

在特定的攤位和貨架上，它躺在藤織的麵包籃中，被一個鐵夾夾起。

好像還隨時哀叫起來呢。

我在日本，見慣新商品走馬燈般上台下台，甚麼超，甚麼魔，甚麼怪，甚麼丸子，貓貓狗狗……都覺得幼稚，看也不看。

但這個烘燶麵包，真的好過癮。也許我是憐惜它的無辜，也憐惜它的堅強。——比起那癱軟樣衰的趴地熊，它有骨氣得多了！我買了幾本有趣的記事簿，喜歡它落寞中眼仔碌碌的神情。

後來，我還有新發現：——

在這興旺的大阪梅田區，一向雅俗並存。

「阪急三番街」(Hankyu – San Bangai) 有個大櫥窗，供各種展覽，定期展出餐具、陶器、水彩、油墨、時裝……等美術設計(上兩個月是塑膠T恤展)。這回的藝術創作，原來是面具。同樣的圓臉，簡單的眼、鼻、嘴。

跑到紀伊國屋書店，見田中今子的木版畫展。她是美術學院講師，在京都、

大阪、神户、常有創作發表活動，非常巧合，她的作品主題，全是簡單的線條人臉。售價由數萬至二十萬日圓不等。

高檔的藝術展品，同烘燶麵包，這些臉譜元素簡直有異曲同工之妙。

再有遺憾，但不是絕望。

明天又是新的一天。

明年又是新的一年。

一個烘燶麵包拍掉灰塵，已經比一塊烘燶的多士有前景。不要灰心，黑口黑面。不但旁人，連自己也討厭起自己來。

做個繽紛的，開朗的夢吧。

走火入「摩」四月天

看完風靡台灣(已重播三次)、上海、北京……的二十集連續劇《人間四月天》。

這個劇集推出後，擾攘大半年，回響是罕見的。不但二三十年代的四角關係借屍還魂，令少男少女如癡如醉，新詩、文學、文藝對白、衣飾、愛情觀……都是話題。

中台的大學生、教授、作家、教育部長、市長、明星、文學青年，一起參與這場「燃燒」。人人都談個不停。

看的是CD，跳着看，快速看，可能沒有時間心情去細味。起碼，也知道是甚麼樣的作品。台灣製作，兩岸明星合演的電視劇。拍得細緻緩慢。靚人(黃磊演

徐志摩、劉若英演張幼儀、周迅演林徽音、伊能靜演陸小曼）、靚景。好「文藝」，——須要用「心」看，品茶賞花一樣，全情投入，才可同哭同笑。否則好「悶」。演員亦青春取勝，深度不足。

本人不是徐志摩迷。即使中學時代他的名作《再別康橋》、《愛眉小札》、新詩散文集都讀過。但那時我們看魯迅、蕭紅、張愛玲、聞一多……，都沒特別瞧得上徐志摩。反而他一張長臉，配上兩個圓框眼鏡的獨特造型，卻永垂不朽（黃磊扮戲相當神似，也有書卷氣，是最佳人選）。

梁啓超是他的老師，在他與陸小曼的婚禮上證婚，聲色俱厲訓斥了二人一頓：

「徐志摩，你這個人性情浮躁，所以在學問方面沒有成就，你這個人用情不專，以致離婚再娶，……以後務要痛改前非，重新做人！」

朋友們亦因他始終沒交出過一份有分量的學術著作，課堂講義也編得不合規格，背後議論：

「志摩感情之浮，使他不能成詩人。思想之雜亂，使他不能成爲文人。」

梁實秋在一篇序文中提到：

「徐志摩值得令我們懷念的應該是他的那一堆作品，而不是他的婚姻變故或風流韻事。……徐志摩的文名幾乎被他的風流韻事所掩。」

胡適認爲他：

「冒了絕大的危險，費了無數的麻煩，犧牲了一切平凡的安逸，犧牲了家庭的親誼和人間的名譽，去追求，去試驗一個『夢想之神聖境界』，而終於免不了慘酷的失敗。……」

——當所有人把他捧上了天時，我仍把一些「反調」給找出來。因爲作爲讀

者，徐的文風昏昏軟軟，濫情而張揚，用字不夠「采」，做人拖泥帶水，不是我的一杯茶。傳誦一時的詩都是情詩，，不嫌他肉麻，——因爲愛情的事，過來人都明白，愈肉麻愈有「力量」。只是覺得他追求的「愛、自由與美」，沒有後世人工化的轟烈偉大。

也許我們不大「認識」他。世上又有誰真正「認識」誰呢？

新月詩人徐志摩(1896—1931)，生命短暫，來去匆匆。他曾說過：

「我將於茫茫人海中訪我唯一靈魂之伴侶；得之，我幸；不得，我命，如此而已。」

髮妻張幼儀是個傳統女性，二人間陌生而冷淡。徐在康橋邂逅了清麗善良的「中國第一才女」林徽音，熱烈追逐，央求：「徽徽，許我一個未來！」爲了她，在報章頭版發表離婚啓事。但林不願破壞人家的婚姻，理性地作出選擇，下

嫁建築家梁思成，重覓新生。徐痛苦頹喪，遇上同病相憐的社交名媛，艷名四播的陸小曼，終擺脱傳統道德和世俗眼光而結合，但陸的揮霍、不專，又染上芙蓉癖，徐爲經濟疲於奔命。後因趕赴北京聽紅顏知己林徽音一個有關古建築藝術的演講，在空難中喪生。

一個一生糾纏在愛情中的詩人，才三十六歲，無端死於空中一場烈燄，粉身碎骨，——不是不浪漫的。這也是頗爲牽動人心的「傳奇」吧。

或者大家也應該感謝《人間四月天》的面世，讓各人可把他心底對「愛情」的矛盾和抉擇，借個機會自我探索一下。在別人的故事裏，我們有思念和思考的藉口。在虛幻的光影中，也有可「飛翔」的理由。當你批判，其實是一個檢討。

眼神落在一男三女身上的時候，我們何嘗不聯想到一些長夜難寐，心亂如麻，掉進去上不了岸的掙扎？

他們互握即將分別的手，連指關節也蒼白了，他們用盡力氣之際，你沒有痛嗎？

——就是這樣，你才可以在聽着男女主角談「心」時，不會肉麻失笑。

「心碎是甚麼回事？」

「心會跳，會癢，會酸，會痛，會碎。心死非得經過心碎。」

「我是沒有心的。」

「心一直都在，只是沒觸着它。」

「但願一輩子不要嚐這滋味。」

刻骨銘心的，浪漫淒美的愛情，在於「可望不可即」，永遠存在於追求中思念中。或是有遺憾的，得不到的，不快樂的。——這便是千古以來，一種走火入魔的「毒」。

他愛的不是「某個女人」，而是「心中的理想」。一旦成功了，馬上有了幻滅感，這也是徐志摩的悲劇性格。幸好他死於風華正茂的盛年，否則不知如何過日子。死得早，死得好。想像在文革十年期間，被紅衛兵鬥垮鬥臭的「黑五類」糟老頭，哪有資格「揮一揮衣袖，不帶走一片雲彩」？

他死了。他的女人都得活下去，得過日子呀。

失去男人不是「末路」，她們都有「出路」。在危難中，也得反彈。

被休掉的原配張幼儀，後來在德國發憤讀書，回到上海後當上銀行的副總裁，還在「雲裳服裝公司」擔任總經理。她堅强、獨立、幹練，雖「生平殊少歡愉」，但並沒寂寞黯淡，反活得精彩。

林徽音才貌雙全，拒絕沉溺癡愛，與梁啓超之子思成美國留學，歐洲蜜月，共同爲中國的古建築藝術貢獻所長，走遍大江南北考察測繪。林亦另有暗戀者金

岳霖，但體弱多病，在一九五五年英年早逝，非常「幸運」地避過政治災劫（梁思成則頂着「反動學術權威」大帽子，痛苦受辱死去）。遺下都是美麗而尊嚴的回憶。

陸小曼歌舞連場，人生如戲，風情萬種，吞雲吐霧。經歷過的男人，如軍官、詩人、戲子、名流、世家子弟，多姿多彩。還力捧坤伶，設計時裝，愛美亦有才情，不枉此生。人說徐志摩死前，對她的情意已淡，——不要緊，没淡到要決裂他已大去了。所以没有不堪的攻訐。後來她老死，還希望葬到他墓旁。

因爲愛你，藕斷絲連。

「我說你是人間的四月天；
笑響點亮了四面風；輕靈
在春的光艷中交舞着變。

你是四月早天裏的雲煙，
黃昏吹着風的軟，星子在
無意中閃，細雨點灑在花前。
你是一樹一樹的花開，是燕
在樑間呢喃，——你是愛，是暖，
是希望，你是人間的四月天！」

——人們認爲這是林徽音對徐志摩的「心聲」。不過她的兒子梁從誡爲母親編選文集時，强調《人間四月天》是爲他出生後的喜悅而作。你情願相信哪個說法？

今時今日，「I love you」已是一種電腦病毒，演變成全球歷來最嚴重的災難，超過五千萬部電腦受破壞而癱瘓。不能自拔。

爲甚麼「中招」？

只因爲一句「我愛你」，令你心動，軟弱，易感，終於自投羅網，遍體鱗傷

……

歎十聲……

「煙花那女子　歎罷那第一聲
思想起奴終身　靠呀靠何人
爹娘生下了奴　就沒有照管
爲只爲家貧寒　才賣了小奴身
伊呀得兒喂　說給誰來聽
爲只爲家貧寒　才賣了小奴身
煙花那女子　歎罷那第二聲
思想起何處有　知呀知心人
天涯飄泊　受盡了欺躝

又誰見逢人笑　暗地裏抹淚痕
伊呀得兒喂　說給誰來聽
又誰見逢人笑　暗地裏抹淚痕」

——這是白光的《歎十聲》。

我很奇怪，說是「歎十聲」，但歎罷第二聲便止住了，一度，我想把其他的八聲給找出來，——原來頂多只歎了三聲。

一定是沒有力氣歎下去了……。

數月來都在聽白光。全部……。我習慣在寫小說時，找一些背景音樂或主題曲，讓故事在空氣中立體。曾經是白駒榮的《客途秋恨》和《男燒衣》、梅蘭芳的《霸王別姬》、李香蘭的《支那之夜》和《何日君再來》、那英的《征服》。有一陣是日本的三味線、相川七瀨、印度的薛他……。

一九二〇年出生的她，比我的女主角，大兩歲。八月底九月初，死訊傳來，我的心跳一跳。這不算太愕然，她已七十九歲了。——不過，歌聲猶在耳畔，人卻忽地化作煙塵，總是有一點點寒意。

不知男人如何迷戀白光。其實她的魅力不在一張臉，說來，那是一張過份方正的「國」字口面，不漂亮，是大塊頭，又高又壯，兼潑辣粗爽，——但，她的唱腔，天生的嗓音，五十年來只有模仿者，還見不到超越者。

低沉、拖曳、磁性、挑逗、慵懶、有氣無力、稍微走調、少許咬字不清。一個「煙視媚行」(別小覷這四個字，是很多姐妹的畢生課程！)的女人，高跟鞋脫了一大半，還掛在翹起擱在沙發上塗了蔻丹的玉足上，搖搖晃晃，好似甚麼也不在乎。沉溺在「慾」中，卻仍追求一份「情」，空虛而無奈……。人家還嫌她不夠賢良淑德，端莊嫻靜。在衆人中獨樹一幟，寫着「壞女人」、「蕩婦」、「妖

姬」。

「算了吧」。這個女人甚至懶得解釋、分辯。「過去的事兒，何必再去提它。過去的事兒，好比明日黃花」。她是「戀之火」。是「天邊一朵雲」，浪蕩又逍遙。是「毒玫瑰」。是「鮮牡丹」。是「一代妖姬」。她最看不得的，就是「假正經」：

「假惺惺　假惺惺

做人何必假正經……」

原名史詠芬的白光，河北人。十三歲參加「北京學生話劇團」，十五歲半與一位教授訂婚，因他變心而遠赴日本留學，曾跟隨世界有名的三浦老師學習音樂。小時看電影，見影像透過一道白光投射於銀幕上，感覺神奇，故投身影壇，以這深刻的印象作爲藝名。

她有多次戀愛、同居經驗，結過婚。五三年曾嫁給美國飛行員白毛，共赴日本東京，並開了家夜總會；五五年已陷入纏訟煩惱的離婚官司。回港拍戲，一度赴台演唱。晚年生活頗落泊，在油尖區有人碰見過她。九十年代，與比自己年輕十年，陪在她身邊三十年的老影迷，來自大馬的富商相依，移居吉隆坡。九九年八月底因腸癌辭世。

一生傳奇，閱人無數，不枉來世上一趟。

山口淑子的回憶錄《在中國的日子　李香蘭：我的半生》中，白光也佔了一席位。

一九三七(昭和十二)年，東北的「滿映」招考中國演員，在北京，三百名應徵者中六人入選，其中兩名是女演員；一個是李明，一個是白光。當年十七歲。二人本是好姐妹，後來卻因爲男人，深仇大恨。

我做過川島芳子和山口淑子的研究。也大概瞭解當時電影圈奇特現象。

這些女人，都與同一個男人山家亨關係密切，而彼此也熟絡，勾心鬥角。山家亨是個軍人，不算俊朗，但長得很體面。他與好些人，都以中國大陸爲政治舞台，從事特務工作。男女關係複雜、糜爛。生活圈子是美女、好酒、嗎啡、鴉片、電影、情報、名利、權力……。

山家亨是「男裝麗人」川島芳子的初戀情人，但他收了李明爲情婦。芳子又以爲「滿映李姓女演員」是「金魚美人」李香蘭。肉感妖艷的白光則向李香蘭表白，她是多麼的愛慕山家亨。李明後來被甩掉。白光跟了他。

……山家亨的苦惱，只是「奢侈的苦惱」。——但他要付出代價！

一九四三年，他被嫉妒的女人們告密，說他「通敵」、「反間諜」，被憲兵隊拘捕、受審、下獄。白光寄居在男人靜岡老家，等個機會同他見一面，始終沒

見上。而山家亭在戰後出獄，很快與一位遠親結了婚。他一九五〇年在山梨縣山邊自殺，屍骨爲野狗所搶食。

李香蘭的書中憶述，白光曾着魔似的咬着牙罵：

「李明這東西，我殺了你，我一定宰了你，不，光是宰了你不能解恨，把你剁成一塊一塊的，再也認不出來你，把你折磨死，對了，把你綑起來放在鐵軌上，把兩隻腳給你剁了，然後再剁去雙手，那也不殺你，叫你像蟲子那樣活着……」

果然大情大性，敢愛敢恨，快人快語，心狠手辣。

後來，山家亭十六歲女兒博子到東京六本木謀生，白光讓她在自己開的夜總會當女招待。

也是有情有義。

離婚後，白光回香港復出拍戲。一位已故圈中資深人士說了個笑話：——

當年，某導演同她洽談拍戲事宜。人問：「你上她家談？」

「何止咁！」這位中山口音的導演說。

「進入香閨？」

「何止咁！」

「入了浴室？」

「何止咁！」

——原來白光正在洗澡，一邊談公事，真是不拘小節。並沒枉擔了「妖姬」虛名。

（而這導演的花名，便喚「何子錦」。）

——可她遇上的，都是不堪的，不值得的男人呀。

所以她的歌，總是：

「我等呀等呀等呀……」

「等你的人兒多麼心焦呀……」

「我等着你回來，我等着你回來

我想着你回來，我想着你回來

你爲甚不回來，你爲甚不回來

我要等你回來，我要等你回來」

等了又歎。歎了再等……。

洗澡

前一陣，有人忽地有興致開店，便請教一眾豬朋狗友，幹些甚麼勾當好？作夢又不花錢，我建議：

「做沐浴用品的小生意吧：——浴鹽、香薰、香皂、浴油、浴露、泡泡浴……還有浴室精品……」

又道：

「名字也想好了，叫「浴望號」。」

記得古老的電影《慾望號街事》嗎？

設想得那麼周到，好像是自己的生意，但不擅經營，沒有老闆命，所以慫恿人家做。自薦擔任「試浴特工隊」。

——因爲我喜歡洗澡。

早上（或下午）起來，淋浴把夢的殘片帶走，讓我精神抖擻。晚上浸泡，總有不同的花樣。

有些人洗澡很快捷，馬虎，只求乾淨，他們太不懂享受了。有些還把家中的浴缸給拆掉，改造一個企缸，說要「偷位」、「慳地方」云云。你在浴室開餐嗎？舉行會議嗎？工作嗎？連浴缸也容不下的浴室，等於把紫禁城搬走的北京、把子宮摘掉的女性、失去心的愛人。

關於洗澡，史書告訴我們，最早最早的沐浴方法，是在河邊或海邊進行。古埃及的法老王，每天都會在尼羅河岸邊浸泡，非常神聖的儀式。

日本人愛洗澡，澡堂甚至是社交場所，而且喜歡集體進行，男女共浴。互不相識的人，先觀光對方的肉體。

我最難忘的洗澡，是在死海。死海位於巴勒斯坦與約旦之間，世上最鹹的湖泊。因四周山嶺高原上的積水和小河注入後沒出路，所以礦物鹽分愈積愈濃，含鹽量高達25%至27%（一般海水的含鹽量只是3.5%而已）。海水比重大，人人可以像軟木塞般浮在水面。像我，不懂游泳，卻保證不會溺死。

意猶未盡，當然得以死海泥熱敷護理，這些泥，是黑綠色的，含豐富礦物質，做面膜，可以把臉上的髒東西全「拔」掉。

在死海洗澡，不能受傷，若被岩石剮破一道口子，一經濃烈的海水洗禮，你必可得享死去活來的經驗：「在傷口上撒鹽」，非常可怕。

「洗澡王國」日本，其中指宿流行熱沙浴，穿浴衣給埋在熱沙堆中，只露出頭部，身體狂出汗，直如煉獄。各地溫泉最迷人了，有加入清酒、咖啡、綠茶、硫磺、花瓣、水果、礦物質、酵素、牛奶、巧克力、醋、辣椒……。中國人的傳

統護膚美容法則是加入片糖或洗米水。

不管是溫泉浴、蒸汽浴、桑拿、手浴、足浴、蒸臉、半身浴……，其實最簡單舒服的，不過是準備一缸熱水，全身浸泡。——水必須熱，最怕溫吞水(人也一樣！)。

我有很多煞有介事選擇，譬如香薰精華油，藉以振作精神增加靈感的用羅勒、檸檬草、薄荷、迷迭香……。想紓緩緊張容易安睡，使用薰衣草。

溫泉浴劑顏色最美了(是對「湯風呂」的懷念吧)。「箱根熱海」是蜜柑色、「湯布院」是籐色、「伊豆」是苔色，還有乳黃色、乳青色、綠色、白色、萌黃色。「鬼怒川」是秋之紅葉色。「十三夜」牌子有生薑湯、柚子湯、桃之葉湯。「龍神」(和歌山縣)那乳櫻色的浴液，十分浪漫，一隻藏青色的蝦扔進去也變成淺粉紅色那麼浪漫。——聽着心愛的音樂，吸入煤氣而死的肉體也是這顏色呢。

洗澡不應該聯想到死亡。但每洗一回澡，也是短暫的與塵世隔絕，不管你快樂或不快樂，這三十分鐘，盡可放鬆身心，大量出汗，新陳代謝，讓自己生命中有限的一天，舒適而無奈地死去。失意或失戀，也可盡情孤寂地大哭一場，分不清是水是汗抑或淚，一切都沖走了，離開恍如母體子宮的浴缸，又是一個新造的人。

假如你信耶穌，紀念聖誕，也可以這樣想：「若有人在基督裏，他就是新造的人。舊事已過，都變成新的了。」洗澡，也是一種宗教儀式。

咦？提也沒提過冷——水——澡？

是的，不喜歡冷水澡。我當然明白這是一種自我磨練，夏日還可以；天一涼，冷水一碰到皮膚，比炮烙還痛。洗慣冷水澡，身體抵抗力强，皮膚更好，意志力驚人，不易感冒……，最後的結論，是個「大將之材」吧。對不起，請放過

窩囊的我吧。

甚麼時候洗冷水澡呢？

——在中國大陸的時候。

當住進一、兩星級的旅館，隨時停電，無熱水。5°C你用蘭花指拈着絞着冰寒的毛巾，深深吸一口氣，含着淚，走過這一關。

在北京電影製片廠的攝製隊宿舍，只在廚房燒飯時「順便」可燒到熱水，供應時間是每晚七至九時，時間一過，完了。冬天幾天不洗澡也難受，那些女孩愛帶了香皂毛巾來我住的酒店：「洗一個澡。」再坐車回去。

——隨時有熱水，隨時可洗澡，洗澡後可自行決定是睡還是醒，是暫停抑或繼續，是工作？娛樂？同誰一起？……這些都是快樂的。

並且是簡單、舒適、寧靜、安穩……和溫柔的。

因爲曾經一度，「洗澡」另有定義。

如果你看過楊絳的《洗澡》一書，便知道了。——共產黨解放中國後，知識分子經過無數次不同名目的思想改造。第一次的思想改造，當時泛稱「三反」，又稱「脫褲子，割尾巴」。這些知識分子耳朵嬌嫩，聽不慣「脫褲子」的說法，因此改稱「洗澡」，相當於西洋人所謂「洗腦筋」。

他們便在高壓下，生死間，運用倉頡先生創造的字（鬼也因此而夜哭了），向群衆（大中小澡盆）做檢討、狠狠自我批判、作交代報告、想清楚自己的問題、投入火熱的實際鬥爭、覺悟認罪、痛改前非……。

（一）大大的洗，像洗螃蟹似的，捉過來，硬刷子刷，掰開肚臍，擠屎。用力，用蠻勁，挖瘡切尾狠洗。

(二)和風細雨的洗，經常洗，天天洗，和每天洗臉一樣。

這只是其中兩種方式吧。不死也得脫層皮。

乾淨了，臉色變了，精神面貌也統一了，脫胎換骨，就是一個新造的人。

「洗澡」勝利完成。

當你今天逍遙自在浸泡在一缸平凡的熱水中，想想：——自己不是挺幸福的嗎？

痛

兩日來三名小童跳樓自殺身亡。

他們分別是十歲、十一歲、十三歲。小童哪有甚麼非死不可的原因？令人欷歔的，他們不過因爲功課測驗的壓力、失去家庭溫暖的壓力、父親在內地包二奶、遭男友拋棄的壓力……，這些一年之後再回頭只是小事的不快，走上絕路，釀成悲劇。真是不忍。

自十樓躍下的十一歲女童，重傷俯伏一樓平台時，左手骨折，口鼻受傷，吐血時仍可蠕動，有知覺。

她喊：

「好痛呀！我好痛呀！」

之後不治。

如果他們好痛，相信父母家人更痛。其他的家庭前車可鑑，別讓同類悲劇再發生了。

瀕死的哀號，相當悽厲。

急症室，有說似刑房，有說似地獄。——因爲來的多是「痛不欲生」的人。

一回，去做些採訪。忽來了車禍重傷者，一身血肉模糊，不知哪個部位不見了，也不知哪個部位轉移了方向，總之不似人形。

緊隨着，有他的朋友、警察、救護人員……。一路上，只聽傷者呻吟，但已痛得不成語音。反倒是一干人等，一些拉扯他，一些搖晃他，一些摑打他，狂喊道：

「没事的，你放鬆，放鬆！」

「醫生快來了，有救了！」

「不要讓他睡，摑醒他！」

「保持清醒，捱到醫院了，不要暈呀，求求你！」

「聽我說話！應我！——你叫甚麼名字？你是男還是女？你痛不痛？哪兒痛？……」

他全身都痛，劇痛，怎能分得清是「哪兒」？

但衆人無所不用其極，盡量讓他回應一堆天真幼稚簡單的問題，——希望他「知道」痛。

因爲重傷的人一旦昏迷，夢入黑甜，就不容易復甦了。

他疲倦的生命，迅速溶入夜色，一去不返。

大家用盡力氣，施以「辣手」，在鬼門關拖曳。傷者在血淋淋的一道生死間

外，只求大去：

「讓我死……，讓我死……。我好痛，我想死……」

四下的人，一群孔武有力的男子漢，急了，努力「叫魂」……

記得一位記者朋友告訴我，他到達某屋邨外，一個跳樓的老婦死不了，但傷痛得滿地打滾，終於抓住鐵欄用力把頭猛砸，企圖砸死算了，實在太痛！

肉體受不了，情願死。

近日掀掀已買了近一年但無法看完的《中國古代酷刑》，中國人整治同胞的方式，是人體各個部位都可以切割破壞：剝皮拆骨、凌遲炮烙、剖腹幽閉……，不勝枚舉，實是殘酷項目之天才設計師。

其中之一「枷項」，還以爲比較「輕微」，不過是木枷套在犯人脖子上的刑具吧，不見血。——誰知一樣恐怖。枷有木造鐵造，或前後不對稱，或掛上石塊

深深勒進皮肉椎骨。大枷枷號示衆三個月，最有「骨氣」的硬漢也捱不到期限。還有所謂「立枷」，一天之內必送命。「紙枷」，終日呆站紋風不動，更難受。……

武則天時酷吏的枷刑有十項：——

(一)定百脈。
(二)喘不得。
(三)突地吼。
(四)着即承。
(五)失魂膽。
(六)實同反。
(七)反是實。

(八)死豬愁。
(九)求即死。
(十)求破家。

從以上名目來想像，不但「有聲有色」，還有表情有比喻，有心理分析：

——太厲害了，不如馬上死。最最最慘烈的：

「我求你快快了斷讓我死！讓我全家都死！」

可見「求死不能」才是終極酷刑。

不過這些酷刑，並非人間才有。

你看《地獄遊記》，通篇也是差不多的節目呀。——莫非靈感源於此？

地獄中亦斷筋剔骨、車輾油泡、挖眼抽腸……，說是因果報應，導人向善：

「欲知過去事，今生受者是；欲知未來事，今生做者是。」而地獄是個中途站，

先償還了「債務」。

全是肉體上的痛苦。

——心靈上的痛苦，有時也令人活不下去。生、老、病、死，是被動的、無奈的、逃不了的。但人生還有「愛別離之苦」、「怨憎會之苦」、「求不得之苦」、「五取蘊之苦」，來自四面八方：色、受、想、行、識。

激情、思念、怨恨、求戀而不可得，統統可以奪命。一樣「痛不欲生」。

肉體上死了，無法回頭；但心靈上，若能大死一次，反而「大活」。

不敢游泳的人，在水中掙扎一次，甩掉一切恐懼，便可衝破「不敢」的威脅。跌落谷底的人，據說都有最強的反彈力，——因爲再也沒有可以失掉的東西了。

愛到盡頭，恨極而悟，比誰都通透、豁達。

不死鳥是先把自己投進火燄中去的。

忘掉「過去」，變成「無我」，膚淺而言是智慧；偉大一點的，則是境界。這種得着，大概是十分私有的家傳之寶。

——當你的心最痛，讓它痛吧！任性地痛，自虐地痛，成爲一堆癌，化作一撮灰燼，才有資格「大活」。

否則，全屬紙上談兵。

「小強」網站

我，原名「蟑螂」。學名「蜚蠊」。俗名「甲甴」。暱稱「小强」。——我喜歡你們叫我「小强」，親切得來，還有打情罵俏的味道。

我是地球上最早出現的昆蟲之一。大約四億年前，祖先已經到處徜徉。

近日，我小强一族人氣急升，不但是子華弟鎮壓Miss Mo的超級武器，亦是寶蓮妹所養之「靈物」(至於寶蓮妹爲何撞邪就與我們甲甴靈無關了。可見一個人拜太多的神亦有不良後果)。

泰國曼谷推出五十種昆蟲罐頭，包括用鹽炒過的蟬、蠶、甲蟲、蝗蟲、蜘蛛……，又怎少得小强呢？我們身體的脂肪和蛋白質含量，同豬肉乾營養成分差不多，但售價便宜，每罐只是卅泰銖(約港幣六元)。

自從台灣總統寶座由民進黨的陳水扁奪得之後，「阿扁」、「何扁」的趨炎附勢歡呼聲響徹。我們這些體態、形格都是「阿扁」的小强們(包括强女們)，與有榮焉。

這個星期「小强網站」的瀏覽數字不斷飈升，形勢大好，現正委託「網蛇」當經紀人，四處兜售，籌集資金(是爲「强積金」)……。甚至有意在年底上市，成立「keung·com」。到時，小强一族便可在昆蟲界做一哥了。

爲了顯示智慧，小强語錄，各位可以隨便download，活學活用。小强濟世爲懷，求名至上，以下心得，全部免費。

- 與人保持距離，以防狗急跳牆，人急瘋狂，終於令你扁上加扁。

● 永遠不要愛上蝴蝶。

● 記着：「飛簷走壁，赴湯蹈火」是自己的強項。小強是無法跳高和跳遠的。

● 即便被狗仔隊廿四小時跟蹤，也從容不迫，因爲小強一族對「忘年戀」、「姊弟戀」、「母子戀」、「爺孫戀」、「婚外情」、「掭骨沖涼」、「包二三四奶」、「貪北姑平」、「狐狸精」、「拐子佬」、「同志」……等，完全沒有禁忌，比人類優勝。

● 要有骨氣，有品味。立志偷吃甜品中的 Tiramisu，而不是隔夜缽仔糕。

● 肉吃多了，要吃吃素。間中放生求順，便心安理得，繼續作孽。

●每年正月廿六向觀音借庫後，年尾記得還庫。不要學人類般冇本心。

●遇到困難，即時繞路。

●盡情利用六隻手腳來擁抱愛撫，不要浪費天賦異稟。

●在自己經過的土地和食物上留下臭味，或分泌油脂、嘔吐腐物、排出糞便，這樣才可以徹底佔領，別人無法、也不好意思插手。

●思春時不必叫春，貽笑大方。

●從不爲傳染過疾病悔疚，因爲完全是人類的錯，社會的錯。

●必要時可以裝死。

●任何半空的黑影都是危機，都要即閃。以免「說時遲，那時快」……

●生前富裕、風流、暴食、貪歡，勝過死後得到精美的玻璃棺材。

●對小強一族而言，「甲甴屋」等同短椿危樓，千萬不要入夥。

●失足掉進馬桶?不要沮喪，這是到大海漫遊的起步，——小強也應有偉大的抱負。

●對於惡女潑婦，不必動氣，只消陰陰笑，到處飛，她們已嚇得尖聲駭叫，醜態百出。

●即使很焦灼，也要保持儀態，像「生蝦咁跳」便太過失控。

●瞧不起狗，因爲他們吃屎；但同貓搞好關係，一起追逐耍樂尋開心，——貓只挑逗小強，永遠不會幹掉他。

- 經常修甲，保持銳利、update。
- 情願受傷，亦勿禿頭，——須知不停揮動的觸鬚是小强身份象徵。
- 面對强敵時，keep 住一副 cool 樣，沉默沒有底牌。
- 千萬別奢言「一生一世」，小强通常十分長壽。
- 記取「高處不勝寒」的教訓，凍僵的小强姿勢難看。
- 終有一天明白：——一個小强很難不同時愛上兩個(或以上的)强女的！
- 「東家不打打西家」，是尋常不過的事。沒有一隻小强會對舊東家留戀。
- 坐飛機不用補錢便可 upgrade 上頭等，多麼快樂啊！
- 感冒便不要吃冰淇淋，尤其是兩蚊便可買到的 cheap 嘢。

- 自從强女用了××香水後，已不能與她溝通，因爲無法臭味相投。
- 永不在工作場合拍拖，雖然小强長年失業。
- 高貴的小强是不屑嚙完唱的。
- 只有未蛻皮的小小强，才相信「聖誕老人」和「愛情」。
- 縱有翅膀怎能同鷹相比？——這是自知之明。
- 完全不明白「牙痛」是如何消磨壯志。
- 金錢不一定能滿足精神上的歡娛，——小强之極歡是在下雨之前飛行。
- 鹹濕的小强隨時隨地想起强女時，觸鬚勃起，無緣無故傻笑。
- 强女的「卵套」，便是她隨身攜帶的名牌手袋。

●一隻有型有格好「英」的小強，必須「油頭粉面，身光頸靚，滑不溜手」。

●悲傷的時候，放一個響亮的臭屁吧，讓自己從憂鬱中得到釋放。

●練習優美的死相，保留最後的尊嚴。——傳統的反肚體位，六點畢露，太過坦率，不知廉恥。

四合院和並蒂柿

北京中國國家大劇院，定址人民大會堂西側，預計耗資三十五億四千萬元人民幣，最近動工。市中心有政經辦公大樓、高層公寓興建計劃。大規模「改造」，現代化步伐加快，必然的行動是清拆、改建。

建城三千多年，建都八百多年。京城風貌，說之不盡：——長城、故宮、王府、廣場、寺廟、東西單、南北海、鐘鼓樓、天地壇、十三陵、蘆溝橋、夜市、茶館、琉璃廠、頤和園……。民間特色，不離大小胡同和四合院。特別是四合院。

近年來，一千多條胡同，四百多萬平方米的四合院，不——見——了。

它不是忽然之間夷爲平地，而是一天一天的漸冉，湮沒，被一幢一幢現代高

層建築取代。七萬多户被逼遷。再依依不捨，也敵不過命運的一聲歎喟。

　而成立不足兩年的特區駐北京辦事處，一度還向立法會申請撥款八千七百萬元，在西城區二環路「興建」一座四合院式的永久辦事處。被議員質疑浪費大量公帑是否必需？矯枉過正？

　一時間，「四合院」成爲一個城市話題。

　它的基本格局是由東、西、南、北四面房子圍合起來，形成一個內院式住宅，中間是四合院的「心臟」。庭院植樹、種花、養魚。可溜鳥、練太極拳、乘涼。彈唱一折《蘇三起解》，《打漁殺家》、《四郎探母》，或《林沖夜奔》：

「英雄有淚不輕彈，只因未到傷心處……」

　住在院中，有些是三、四代同堂，十分熱鬧。有些則像「鳳凰衛視」的連續劇《低頭不見抬頭見》，分住四户人家。東家長、西家短、南家是、北家非。

雖是全封閉住宅，但內裏透明度奇高，私隱瞭如指掌。說是守望相助，互相關顧，但我們香港的自由人來看，實在是一種「折磨」。當然，四合院又古老又髒亂，是建築空間的浪費，但其對稱有序，前後呼應，亦爲好多老百姓血肉相連生死之所。愛過、恨過、活過、習慣了。

我到過北京多回，也造訪過不少。有老藝術家與其他三户合住。有平反後但已老去的人物，恢復名譽、住房，但無法恢復雄風。有大款暴發，買下改建，設施高檔，古風蕩然無存。有香港政客富商，擁一座當作「別墅」度假之用。有不管誰當主子也就一直住下去的平民老百姓。……

——印象最深的一座四合院，位於燈市口史家胡同。王府井附近。胡同口有書店、文具店、商店、市場……還有家賣蘭州涼麵的，很好吃。

造訪這座四合院是九一年，同陳凱歌導演談劇本。他約我和國內編劇蘆葦見

過「章阿姨」（陳前妻洪晃的媽媽，即他前丈母娘）。我一直以爲是「張阿姨」。

當時北京酷暑，七月流火，我一定是熱得迷糊了。四合院的主人回來，我喊：「張阿姨。」送了她一盒綠茶米餅做手信。她買了一袋桃子，一邊不滿桃販不讓挑，好壞有疙瘩得照收：「說別挑別挑，軟桃子當然有疤。又不是挑對象，有個疤算甚麼？」我還笑：「我們總是挑肥揀瘦，吃軟不吃硬。」她說的那個桃販，我也應付過。兩塊錢買了三斤「大久保」水蜜桃，美美的抱着一大袋回酒店，早午晚吃。其他我還胡說了甚麼就忘了。

後來進屋去。我看到一些照片——有同美國總統布殊合照的、有同一位老伯伯合照的、還有同毛主席合照的。……啊這個時候才知道，「章阿姨」是章含之。——著名學者章士釗的女兒，中共前外交部長喬冠華的妻子，毛澤東的私人英語教師。

事後我對他倆說：「你們怎麼不告訴我？」笑答：「我們以爲你知道。」

才怪，想起來應對得淡靜，是因爲「不知」，還有是章阿姨沒甚麼架子，很爽朗。

後來有一晚，院中給舉行了派對，有音樂、酒、烤羊肉串……。有個法國人，挺愛說普通話，整個晚上我們都用自己「尚算流利」的捲舌腔聊天。那回作客都是外交部、大使館的人。

四合院令我難忘的，除了主人，便是幾棵動人的枯樹。

說來，這宅院還是周恩來給安排他們章家的。房屋經過一年重建修繕，於六○年秋冬之際完工。他們遷入，一直住到如今。

老宅經了風雨，但草木脈脈含情。

六四年元旦過後那個星期日，「北京外國語學院」研究生畢業的章含之到毛

主席那裏，開始教他英語，每次學習不過一個多小時。之後散步、晚飯、聊天。毛主席告訴已婚有女的她，一九二〇年時籌備成立共產黨(但沒有明說，只道一批有志青年去歐洲勤工儉學)，章士釗答應幫忙，還發動了募捐，共得二萬元，給了毛。

魯迅曾與章士釗有「歷史公案」，把章當「落水狗」般痛打過。文革期間，她因此背景捱批鬥，成爲「小落水狗」。「造反派」曾闖進這四合院，揮動皮帶，對父女百般凌辱鬥爭。

而在六七年文革高潮期間，她在胡同斜對過一家文具店初遇當時的外交部長喬冠華，他捱鬥，貼「檢討」的大字報用紙，還得自己買。承受屈辱但仍嚴峻自尊。

在章含之的回憶錄《風雨情》中，一似夜來幽夢忽還鄉，惆悵道出這段跌宕

的「忘年戀」。月下老人爲年齡相差二十二載的男女牽了第一條紅線——「赤繩」，世上最詭異的無形的牽扯：沒道理，沒原因，沒解釋。

自此，二人心靈感應，微妙的愛意，由壓抑至激發，不可收拾。一回他找她不着，擔心得很，喝醉了，口齒不清吐出真情：「你不要離開我！你不要躲着我！」

最初人言可畏：——年近六十的喬冠華愛上年輕的章含之只是因爲她漂亮。章含之爲了嫁給有名氣有地位的喬冠華而同丈夫離婚。……七三年冬天，他倆排除萬難，和心理障礙，終於結合了。才過了短短的恩愛日子，七六年起再次遭「天安門事件」政治逆流，經歷磨難、隔離。喬冠華八三年因肺癌逝世。章含之痛不欲生，踉踉蹌蹌在一條冷峻的道路上孤單跋涉，掙扎着活下去……。真愛是無悔的。

四合院中有兩棵大榕樹，粉紅色絲絲縷縷的榕花見證過他們相親的歲月。

一棵被喬老爺救活的梨樹，默默地在院子一角。主人病時，它也病；他去世了，梨樹從此不開花。

還有小跨院裏一棵柿子樹。

這柿子樹很奇妙。久不結果。一自掛果後，不管大年小年，總是結出一對碩大的並蒂柿，從青綠到橙紅，就掛在他倆臥室窗前。他視之爲珍寶，誰都不許碰。她說：

「再不吃，柿子軟了掉下來，會摔爛的，多可惜！」

他才小心取下來，雖捨不得，亦一人一個吃掉了，他愛吃柿子，她卻不喜歡，——但每年這並蒂柿，是必定二人一起吃的。

他去後，再來的一個夏天，無風無雷無雨，枝幹突然折斷了……。

情虐×√

請在方格上填上「×」或「√」

□對你情敵，不得不施展「晚娘手段，寡婦心腸」。

□雖說「長痛不如短痛」，還是捨不得，受不了，所以拖拖拉拉，十分窩囊。

□幾乎忘了。原來還記得。悸動如睡火山蟄伏心底的滾燙。

□即使是個「羈留所」，也情願傲慢，維持起碼的自尊。

□死在充滿妒忌和憤怒情敵的開山刀下。

□爲你愛而不愛你的人積極進行地獄式減肥。

□只想用盡力氣多看一眼，不在乎一分一秒。——即使對方不知道。

□再沒有可失去的東西了，包括羞恥心。

□最親愛及有慾念的人，是聖母瑪利亞，或者耶穌。

□家有惡妻，勝於無妻。家有懦夫，不如off！

□慶幸自己是你肚飢時便想起的牙縫菜。

□趕潮流玩忘年戀，即使差距高達五十。

□如果毆打令你有性格，我已隨時準備好。

□猛地抽走一切記憶，人間無情。

□只要「肯」來騙騙我，一切無所謂。

□愛情節目或信箱主持人以專家口脗教導世人。下班後每每賣油娘子水梳頭。

□胸口好痛，如有一座强力摩打的攪拌機。慶幸有這感覺，勝過遲鈍。

□想見的人不是見我，——總是要我代約，安排得順水推舟兼且犯賤。

□不追問，不要知道，可能永無答案，也就没有噩耗。

□像優秀的狗仔隊般廿四小時跟蹤不屑理會你的人。

□他捨棄了你，站到別人身邊，你是落難鳳凰不如雞。

□高牆、鋼門、密碼鎖……，擋的只是不來的人。

□没有激烈思念和性幻想，怎算是愛？

□是或不是？是或不是？是或不是？……在乎他時，輸得一塌糊塗，萬劫不復。

□「也許我不同」，雖是極嚴重的妄想症。卻令你抬起頭來。

□「快樂」和「不快樂」，都不是你要尋找便可得到。愛和恨也一樣。

□沒有錢的皮包只是一塊皮革。
沒有愛情的人只是一個皮囊，——擁有最珍貴的自由。

□對方不作聲，究竟想怎樣？你變得六神無主，尊嚴掃地。

□不發覺這就是愛情，——直至失去，才如夢初醒，卻再無睡意，熬到天明。

□在床上，總是聯想你和她(他)在床上。

□讓暗戀的煩惱把心撕裂。

□事情沒有轉機也不走，就看它腐爛。

□到了七十歲，仍天真得吃醋。

□用眼睛吞噬它所不能容納的，因而嗆着。

□你以爲人的最佳恩賜，不是「牢記」，不是「善忘」，而是「失憶」。

□夢中的三文魚壽司，才會像心儀的肉體那麼誘惑和豐腴。

□用別手的血來洗滌傷感。

□「祝福」你們情投意合。我含笑一切隨緣。

□扔擲一些你並不太想要的東西，或人，就是快樂。

●情場中只有兩種人：

(一)自虐狂。

(二)被虐狂。

——如果你的選擇大部分是「√」，閣下是一位非常優秀傑出的「自虐狂」，從中得享與衆不同的樂趣。因爲痛苦是一種快感。

——如果你的選擇大部分是「×」，不用沾沾自喜洋洋自得，以爲是情場高

手。閣下既癢又怕痛，長處被虐位置，度過餘生。

沒有一種愛情，
不帶點潛意識的暴力和虐待的。

《夢之浮橋》

作者：李碧華

出版：天地圖書有限公司
香港皇后大道東109～115號智群商業中心十三樓
13 / F., 109-115 QUEEN'S ROAD E., WANCHAI, H.K.
電　話：2528 3671　圖文傳真：2865 2609
香港灣仔莊士敦道三十號地庫／一樓（門市部）
九龍彌敦道96號（加連威老道口）（門市部）
查詢電話：28611022　圖文傳真：28611541

承印：亨泰印刷有限公司
香港柴灣利眾街 27 號德景工業大廈十字樓
電　話：2896 3687　圖文傳真：2558 1902

發行：利通圖書有限公司（港澳）
九龍紅磡民裕街 41 號凱旋工商中心 8 樓 C
電　話：2303 1010　圖文傳真：2764 1310

初版日期：二〇〇〇年七月
三版日期：二〇〇〇年七月